СЕРИЯ КНИГ О СЫНОВСТВЕ:
КНИГА 4

I0624109

Развитие во власти

ДЖЕССИКА ОНСАГА

Серия книг о сыновстве: Развитие во власти

Джессика Онсага

www.seraphcreative.org

Эта серия книг посвящена сынам Божьим, которые говорят Яхве «ДА» — чего бы им это ни стоило. Пусть эти книги помогут вам возрастать в сыновстве и зрелости в хождении со Христом.

СОДЕРЖАНИЕ

ПРЕДИСЛОВИЕ

Сердце, полностью преданное Иисусу, обладает невероятной силой. Чем глубже мы погружаемся в искусство близких отношений с Царем через неустанное сосредоточение на Нем, тем больше нам открывается сфера власти, выходящей за рамки обычного, — сфера, где посвящение становится каналом для фундаментального расширения возможностей.

Подобное состояние сердца делает наш союз с Иисусом главным опытом, на фундаменте которого мы строим свою жизнь. Это путь к жизни, в которой мы переживаем Христа внутри, становимся уверенными в Его любви, учимся доверять Ему и пребывать в покое, и со временем все, кроме Его истины, начинает казаться нелогичным.

Именно такую жизнь выбрала Джессика, и благодаря возрастанию в близости с Иисусом она получила откровение и мудрость из сердца Божьего, которые исцелили ее и изменили ее жизнь. Исполняя повеление Священного Писания в Ефесянам 4:23-24, она обновляла свой разум через каждое откровение и преображалась для новой жизни через принятие славы Христа внутри себя, чтобы быть в вечном союзе с Ним.

Джессика выбрала лучший путь: жизнь посвящения и полной зависимости от Иисуса, и вкусила свободу и власть, которые становятся нашими, когда мы доверяем Ему во всем и идем по жизни теми путями, которые есть в Его сердце. Смелость и уязвимость, позволившие ей открыть нам свою жизнь с Иисусом на страницах этой книги, дают надежду и нам. Книга «Развитие во власти» покажет вам границы возможного, и даст ключи к тому, как этого достичь! Читайте вдумчиво, всем сердцем обратив взгляд на нашего Царя. Вы рождены для этого часа, для глубокой подлинной жизни в непрерывной близости, где сердце Бога открыто и доверено вам, и где вы становитесь сосудом, переполненным Его красотой, силой и славой!

«Теперь ты готова, моя невеста, пойти со мной, взобраться вместе на самые высокие вершины. Пройди со мной через арку доверия». Песнь Песней 4:8 (Дословный перевод ТРТ).

Лиз Райт

Основатель и генеральный директор Международного сообщества наставников

Автор международного бестселлера «Отражение Бога», любимый ведущий программы «Встреча с Богом» на канале God TV и ведущая ряда подкастов «Живи своей лучшей жизнью с харизмой»

СВИДЕТЕЛЬСТВА

Я очень рада, что прочитала эту серию книг! Несмотря на то, что я росла в церкви, в определенный момент своей жизни я оказалась в серьезной борьбе, где враг неустанно терзал мой разум, а люди в церкви не знали, как мне помочь. Они жили, опираясь на религиозные обряды и традиции, но не знали, как обрести настоящую связь с Отцом. Я повсюду искала могущественного Бога, о котором читала в Слове, надеясь на Его помощь, однако прошло почти два десятилетия, прежде чем я нашла церковь, которая научила меня некоторым полезным инструментам. При этом я все еще боролась со своей главной проблемой: как Моисей и израильтяне блуждали кругами по пустыне, я снова и снова обходила одну и ту же гору, уже выбиваясь из сил.

Год назад, как раз в тот момент, когда читала эту серию, я снова вступила в борьбу со своей главной проблемой. Прочитав об инструментах, которые Джессика так ясно изложила в книгах, я испытала огромное облегчение! Это было именно то, что мне нужно! У нее есть способность очень просто излагать тему, разбивать на небольшие кусочки, которые можно сразу легко применить. Главное — это Иисус и отношения с Ним, однако даже это простое утверждение может вызвать трудности, когда враг атакует тебя со всей силы. Я начала видеть небывалый доселе прогресс, используя предложенные ей инструменты, и хотя они не дают мгновенного решения проблемы, они просты для понимания и применения, к тому же, у Джессики есть прекрасный способ подбодрить нас в этом процессе. После долгого периода тяжелых испытаний, прошедший год стал одним из лучших в моей жизни! Я вижу победу над своей большой проблемой, и наконец-то проглядывается луч свободы! Я невероятно благодарна Джессике за ее учение и знаю, что многие читатели получат благословение благодаря этой серии.

—Джесси Осборн

Я покаялся в окружной тюрьме 13 мая 2007 года и сразу же влюбился в Господа. Или так мне показалось. То, что началось как поиск истины, в конечном итоге привело меня к мучениям, поскольку в течение следующих 12 лет я впитывал в себя религию с почти невообразимой скоростью, и однажды пришел к выводу, что все это не работает. Враг заставил меня поверить в ложь вместо того, чтобы обрести истину, в которой я так отчаянно нуждался: мне нужны были глубокие, постоянные отношения с Тем, Кто умер, чтобы я мог ходить в Свободе. Я был в таких религиозных путах, что не знал, куда с этим бежать. Выйдя из тюрьмы в марте 2023 года, я нашел истину, читая книгу под названием «Основание» (1 часть серии «Сыновство»). Эта книга и все серия в целом привели меня к Словам Истины, которые Иисус хотел, чтобы я услышал, и они завладели моим сердцем. Исследуя эти Слова Истины, я действительно пришел к пониманию того, что у меня могут быть глубокие и постоянные отношения с моим Спасителем. Книги Джессики положили начало моему пути к Голосу Истины. Я начинаю понимать основополагающие истины, которые я упускал последние 15 лет. Я наконец-то учусь любить Иисуса так, как хотел всю свою жизнь, а также учусь позволять Ему любить меня. Эти глубокие, постоянные отношения научили меня постоянной Радости. Я бы хотел, чтобы каждый мог услышать и понять истину, изложенную в книгах Джессики из серии о сыновстве: они помогут им изменить их жизнь так же, как когда-то изменили мою. За три коротких месяца эта женщина рассказала мне об отношениях с Иисусом больше, чем я узнал за 15 лет в тюрьме. Спасибо, Джессика, за то, что последовала водительству Святого Духа и позволила Ему быть Голосом Истины в моей жизни.

—Дэниел Барнс

ВВЕДЕНИЕ

Вы держите в руках четвертую и последнюю книгу из серии о Сыновстве. Это последняя часть, которую мне хотелось написать для этой серии, хотя темы для обсуждения не закончатся никогда. В данной книге я надеялась заложить основы для того, чтобы люди начали более глубокие отношения с Яхве, Иисусом и Святым Духом, потому что именно они дают нам все, что когда-либо понадобится или, возможно, мы захотим узнать! Итак, если у вас есть связь с Иисусом, у вас есть все, что нужно!

В предыдущих книгах мы исследовали убеждения и перспективы сыновства, исцеления души и здоровья, а также рассматривали свои собственные внутренние процессы и отношения с Иисусом. Негативное прошлое, страхи, душевные блоки и раны — все это душит то хорошее, что Бог приготовил для нас, так что, разобравшись со всем этим, мы сможем получить доступ к своему наследию. Через обновление разума, верующие могут ходить во власти и силе, возвращая землю (и другие сферы) под владычество Иисуса! Для сынов Божьих не существует границ: это чудесное приключение, в котором мы можем любить и быть любимыми Яхве во всех сферах, эпохах и измерениях!

Изучая границы вверенной нам власти, важно развивать собственную динамику и устойчивость. Движения пробуждения — это здорово, они определенно могут стимулировать людей двигаться вперед (именно *пробуждение в молодежной группе пробудило меня и полностью изменило мою жизнь!*), ОДНАКО верующие слишком часто лишь плывут по волнам различных течений, так и не научившись развивать уровень <u>своей</u> власти и <u>своего</u> хождение с Яхве. В этой книге я надеюсь дать вам понимание и основу, необходимые для того, чтобы иметь возможность создавать и поддерживать свой собственный импульс во Христе, ЧТОБЫ вы могли твердо стоять и ходить в уникальном проявлении Бога на земле, которым вы уже являетесь! Я верю, что впереди нас ждут трудные времена, но я также верю, что Божьи сыновья не ожесточившие свои сердца будут как сияющие огни среди тьмы. Я хочу помочь детям Божьим подготовиться к этому непростому периоду, потому что жить в подобный час на самом деле очень захватывающе. Мы МОЖЕМ иметь изобильную жизнь и даже радоваться посреди страданий и трудностей, и я убеждена, что мы увидим величайшее излияние Духа Божьего, которое когда-либо видел мир.

Честно говоря, я долго не решалась писать последнюю часть, потому что сейчас многие верующие боготворят движение силы и чудес. Я хочу пояснить: наша НАГРАДА — ИИСУС. Евангелие — это благая весть о нашем искуплении и примирении с Божьей семьей! Сила и чудеса являются побочным продуктом наших отношений с Яхве, однако верующие часто обделяют себя, создавая идола из чудес, силы и вещей, которые они могут получить от Бога. Сила, слава и чудеса — ничто по сравнению с Самим Яхве. Я повторю: сила, слава и чудеса — НИЧТО по сравнению с Самим Яхве. Надеюсь, эта серия помогла вам полюбить САМОГО Яхве. И я надеюсь, что последняя часть поможет укрепить ваши отношения с Ним в процессе исследования некоторых тайн Божьей власти и силы.

Глава первая

СНАЧАЛА МЫ ПРИНИМАЕМ

Недавно я совершила путешествие к Моравским водопадам. Я с детства мечтала посетить это духовное место и была счастлива, что это время наконец пришло! Мне рассказывали разные истории о том, какие невероятные встречи с Богом переживали там другие верующие, и я с нетерпением ожидала пережить что-то подобное. Мы с подругой прибыли к водопадам и с предвкушением заселились в своей хижине. Атмосфера там была духовно заряжена ангелами, но по какой-то причине это место не оправдало моих ожиданий, и я почувствовала разочарование. Однако отмахнувшись от негативных эмоций, я решила сосредоточиться на предвкушении предстоящей на следующий день поездки на Молитвенную гору. Рано утром следующего дня мы прибыли туда, полные надежды и радостного волнения от того, что Иисус приготовил для нас. Исследовав гору и найдя идеальное место, я села пообщаться с Яхве, но несмотря на ажиотаж, с которым мне рассказывали про это место, я снова испытала разочарование, с которым и обратилась к Богу.

Сначала Божий мир и доброта утешали мое сердце, а затем меня как лавиной накрыло откровением: «Времена, когда ты искала человека или событие, чтобы пережить встречу с Божьей силой, в последние годы стали для тебя разочарованием, потому что в тебе уже есть то, что ты ищешь. Тебе будет лучше не переживать божественных посещений, иначе ты продолжишь бегать от одного места или человека к другому, чтобы пережить духовную свежесть». Яхве сделал эффектную паузу, а затем продолжил: «Все пророческие слова, которые ты получила в последнее время, и твои ангельские посещения не оправдались, потому что внешние <u>встречи не идут ни в какое сравнение с внутренней реальностью и славой, которая уже есть внутри тебя</u>. Мне лучше НЕ давать тебе переживать посещения, потому что тогда Я буду подпитывать твое желание смотреть наружу, а не внутрь». Все мое разочарование по поводу поездки мгновенно испарилось, состояние сердца сразу же изменилось, и я наслаждалась оставшейся частью пребывания там в удовлетворении и покое, потому что то, что я уже носила в себе, было НАМНОГО мощнее, чем любой инкаунтер, который я могла бы пережить, даже на Моравском водопаде.

Много лет назад Иисус сказал мне: «Тебе не нужно никаких посещений, потому что у тебя внутри уже есть обиталище Моего Присутствия». Это откровение глубоко врезалось в мою память, однако так как желание посетить Моравские водопады <u>появилось задолго до</u> этого в детстве, оно не было просеяно через фильтр моих нынешних откровений и зрелости. В какой-то степени я знала, что посещения не идут ни в какое сравнение с тем, что уже было внутри меня, однако слова Яхве позволили мне погрузиться еще на один уровень глубже: пришло еще большее осознание, что нужно смотреть не наружу, а внутрь. Не нужно посещать духовно заряженные места: Я САМА — духовно заряженное место. Мне не нужно искать какие-либо порталы — Я САМА портал.

Пока я впитывала слова Яхве, Иисус начал объяснять, как важно подчинить каждую область своего сердца Истине (чтобы оно было в согласии с ней). Он показал, что я не могу ЧТО-ТО СДЕЛАТЬ, чтобы попасть туда: исцеление и прорыв — это подарок, который я могу только ПРИНЯТЬ. Это откровение пришло ко мне в форме стихотворения:

Свершилось

Я поднимаюсь на Небеса, чтобы встретиться с Яхве.

Там я обнаруживаю, что я уже с Ним.

Поэтому я приношу Ему свое прошлое,

А Он говорит мне, что уже забыл его.

Тогда я приношу для исцеления боль своей души,

И вижу, что Он уже исцелил ее.

Что еще осталось?

Что еще нужно сделать?

Он готовит передо мной стол.

Он наполняет мою чашу до краев.

Он восстанавливает мою душу

Все действительно свершилось

Я ничего не могу сделать, кроме как принять

Принять Его любовь, которая уже излилась.

Принять Его исцеление, которое уже произошло.

Принять свое место, которое уже приготовлено.

Я ничего не могу сделать, кроме как принять

Приняв это, я вижу дверь,

Дверь в нечто большее:

Как только я принимаю

Я могу править и царствовать,

Но не раньше,

Потому что тогда я подумаю, что это все сделала я

Я ничего не могу сделать,

Ничего не могу сделать пока что.

До того, как принять, я ограничена со всех сторон.

Когда я принимаю, границы исчезают.

Иисус совершил это во мне

И теперь я свершу это на земле.

Это стихотворение показывает, как ходить в сыновстве и власти. Многие верующие пытаются что-то ДЕЛАТЬ, прежде чем понять, как БЫТЬ сынами. По мере того, как Бог вкладывал в мое сердце строчки этого стихотворения, я начала ясно понимать, что мы можем только ПРИНЯТЬ все, что нам нужно: мы ничего не можем СДЕЛАТЬ для собственного спасения, исцеления или обеспечения. Яхве готовит стол; ОН наполняет нашу чашу до краев. Иисус дал нам все необходимое для жизни и благочестия — ОН свершил все это. Все, что мы можем сделать, это просто принять. Принять спасение, уже данное нам. Принять исцеление, за которое уже заплачено. Принять свое место и наследство, уже данное нам. Мы ничего не можем СДЕЛАТЬ для себя — это ПОДАРОК. Как только наше сердце принимает Божий дар, мы можем что-то ДЕЛАТЬ из этого состояния внутреннего изобилия. Если мы попытаемся ДЕЛАТЬ прежде, чем научимся БЫТЬ, все наши попытки постигнет неудача (или даже смерть), потому что наши действия будут укоренены в Древе Познания. Люди (и религии) сосредоточены на действиях, однако Яхве смотрит на сердце. Он видит разбитость, боль и недостатки, в которых мы живем, когда действуем исходя из плодов Древа Познания. Хуже всего то, что мы в большинстве своем не видим собственной разбитости, боли и дисфункции: мы к ним привыкли настолько, что уже не замечаем этого всего.

В 4-й главе 2 книги («Возрастание в сыновстве») мы обсуждали Древо познания и Древо жизни. Если вкратце, мы все рождаемся укорененными в Древе познания (осязаемом проявлении нашей способности отвергнуть Бога), и пока мы не научимся жить по Древу Жизни (осязаемое проявление выбора Божьей изобильной жизни), мы застреваем в вечном цикле дисфункций, потому что живем на основании не того дерева. Обновление разума — это ключ к тому, чтобы жить на основании Древа Жизни. Отдавая Иисусу каждую область своего сердца и соглашаясь с Его истиной, мы становимся более очищенными, исцеленными и обновленными, пока, наконец, не преображаемся полностью.

До сих пор в серии «Сыновство» я учила только как БЫТЬ

сыном, поскольку мне не хотелось учить о хождении в силе и власти, пока верующие не научатся ПРИНИМАТЬ то, что приготовил Иисус. Мы не можем ходить в полноте изобильной жизни, используя Древо Познания, а вот когда мы живем от Древа Жизни, все, что мы делаем, приносит жизнь. Мы — дух животворящий, однако не осознавая свою истинную сущность, многие христиане застревают в своей дисфункции и сломленности, поскольку их взгляды и убеждения о собственной личности, жизни и Боге влияют на ВСЕ сферы. Мы видим вещи не такими, какие они есть на самом деле, а такими, какие МЫ есть. То, как душа воспринимает жизнь, — это то, во что она верит, даже если это неправда. Человек верит в то, что он воспринимает. Мы все живем в своем собственном восприятии реальности, вот почему обновление души имеет такую БОЛЬШУЮ важность. Мы преображаемся, ПРИНИМАЯ истину: это прекрасная трансформация — очнуться от собственного восприятия мира и научиться видеть, любить и жить с точки зрения Яхве. ЭТО состояние дает христианам более эффективно ходить в Божьей силе и власти, потому что тогда мы живем от Древа Жизни. Пока наша душа не приходит в согласие с Древом Жизни (и обновляется истиной), мы можем ходить только в некоторой мере власти, потому что внутри все еще боремся с истиной.

Духовная власть — это использование Божьей силы через наделение Святого Духа. Это наше наследие как сыновей Божьих, а значит, нам не нужно прикладывать больших усилий, чтобы ходить во власти: это ПОДАРОК. Многие верующие пытаются использовать Божью силу и ходить в духовной власти ПРЕЖДЕ ЧЕМ их душа пережила божественную трансформацию. Сердцу не обязательно быть полностью исцеленным, чтобы человек мог ходить в некоторой мере духовной власти, ОДНАКО чем более необновленным является наш разум, тем больше мы будем внутренне сопротивляться той самой силе, которой пытаемся овладеть. Чем больше мы боремся с истиной, тем больше трудностей испытывает наша душа, чтобы прийти в согласие с силой Божьей. Помните, что для сохранения свободной воли Бог дает человеческой душе выбор: выбрать Иисуса и получить этот дар ИЛИ выбрать верить лжи и отвергнуть все блага, дарованные нам Христом.

Давайте посмотрим на учеников, когда Иисус дал им власть:

> Луки 9:1 «Созвав же двенадцать, дал силу и власть над всеми бесами и врачевать от болезней».

Затем, по крайней мере, однажды, когда ученики отправились на проповедь, они не смогли изгнать бесов из человека; им была дана власть, но они не смогли ею воспользоваться:

> От Матфея 17:19-20 «Тогда ученики, приступив к Иисусу наедине, сказали: почему мы не могли изгнать его? Иисус же сказал им: по неверию вашему; ибо истинно говорю вам: если вы будете иметь веру с горчичное зерно и скажете горе сей: «перейди отсюда туда», и она перейдет; и ничего не будет невозможного для вас».

У учеников была власть, но в данном случае они не смогли использовать ее в тех сферах, где их разум не был обновлен. В Библии мы видим, что ученики творили и другие чудеса, но когда они столкнулись с той демонической силой, их вера пошатнулась.

То же самое происходит и с нами: сферы, где нам не хватает веры, обнажают ту область внутри нас, где сердце еще согласно с ложью врага. Любая часть нашей души, не преобразованная истиной, будет действовать на основании нездорового ума, заглушая способность ходить в Божьей силе. Духовная власть входит в наше наследие, однако, чтобы войти в него, необходимо духовно вырасти. Это часть процесса духовного СТАНОВЛЕНИЯ, однако его скорость зависит от готовности и желания нашей души подчиниться истине и преобразиться.

У нас есть выбор: действовать по-земному/душевному или следовать по пути Яхве/Неба. Очевидно, что наша цель как сыновей — действовать и жить, как Иисус, но в настоящее время мы все еще находимся в процессе преображения в образ Христа. Когда мы пытаемся ходить в силе Божьей, живя при этом на основании своих внутренних дисфункций, мы создаем внутренний диссонанс, так как эта часть нашего сердца отвергает дела Божьи. Проще говоря, мы не поддаемся (не подчиняемся) той самой силе, в которой пытаемся ходить.

> Иоанна 6:29 (Дословный перевод ТРТ): «Иисус ответил: «Дело, которое вы можете сделать для Бога, начинается с веры в Того, кого Он послал». [Выделено автором]

Чем больше мы верим Иисусу (соглашаемся с истиной сердцем), тем в большей силе и власти мы ходим. Сначала нужно принять и только после этого можно что-то сделать. Пожалуйста, поймите: я не предлагаю ждать «полной готовности», прежде чем начать ходить во власти. Дело не в этом — мы учимся по ходу, как ребенок учится, наблюдая за родителями и делая самостоятельные шаги. Точно так же мы учимся И практикуемся по ходу. Иногда верующие могут не осознавать, что у них есть необновленные части души, ПОКА они не обнажатся.

Можно прочитать инструкцию по вождению автомобиля, но вы все равно будете неопытным водителем, пока не сядете за руль и не начнете практиковаться. Яхве не ищет достаточно «готовых» людей: Он просто ждет нашего «ДА», потому что тогда нам возможно все. Помните: все, что делает Отец, завязано на отношениях — то есть, на том, чтобы делать что-то ВМЕСТЕ с Ним.

Хождение во власти — это лишь еще один аспект нашего пути с Яхве. Мы СЫНЫ ХОРОШЕГО Отца: Он воспитывает наши сердца и пробуждает в нас желание действовать по мере того, как мы возрастаем в Нем. Ходить во власти — то же самое. Мы — ЕГО дети, которым дан ЕГО Дух, и мы ходим в ЕГО власти! ОН верен нам, и Он вкладывается в нас. Бог — хороший Отец, который берет на себя ответственность научить Своих детей ходить в Его силе. Он даже готов наводить порядок в наших делах, обращая в ДОБРО все, что мы делаем: степень Его благости не знает конца!

Прежде чем мы пойдем дальше, я хочу подчеркнуть, что духовная сила НЕ ЯВЛЯЕТСЯ прямым признаком близости с Богом или духовной зрелости, поскольку некоторые могут действовать в дарах Святого Духа и с необновленной душой. Однако, когда действия христиан укоренены в Древе познания, их плодами становится то, что люди обижаются, сбиваются с толку и разочаровываются в Боге. Можно двигаться в дарах Духа, питаясь с Древа Познания (именно это и есть религия) или же черпать силу и власть Яхве от Древа Жизни (именно об этом рассказывается в данной книге). Теперь, когда мы это прояснили, давайте посмотрим, как развиваться в духовной власти!

Глава вторая

ЧЬЯ ЭТО ВЛАСТЬ?

Сначала я планировала начать эту главу с обсуждения того, ЧЬЕЙ властью мы обладаем, однако затем поняла: «КАК описать всеобъемлющую власть Бога? Мое понимание об этом <u>весьма скудное</u>, *и я знаю, что слова даже близко не смогут описать Его власть!*» Нет никого подобного Ему. Он несотворенный. Альфа и Омега. Автор и совершитель всего. Бог и ЕСТЬ определение власти. Любая власть, сила и энергия в этой жизни были созданы Им, для Него и Им удерживаются вместе — ничто не может существовать отдельно от Него. Так что я хочу ЕЩЕ РАЗ подчеркнуть: мое МИЗЕРНОЕ понимание Яхве и Его власти <u>едва-едва затрагивает лишь крупицу</u> Его необъятности. Однако я все равно поделюсь тем немногим, что знаю, описав это теми словами, которые смогу найти, в надежде внести в ваш путь сыновства немного больше понимания о власти Бога. Начнем с Иоанна.

> Иоанна 1:1-5 (Дословный перевод ТРТ): «В начале Живое Выражение уже было. И Живое Выражение было с Богом, и было полностью Богом. Они были вместе — лицом к лицу, в самом начале. И через Свое творческое вдохновение это Живое Выражение создало все, ибо ничто не существует отдельно от Него! Источник жизни был в Нем, ибо Его жизнь есть свет для всего человечества. И этот Свет никогда не перестает сиять во тьме — Свет, который тьма не смогла преодолеть!»

Чтобы ходить в ЕГО власти полезно внимательно рассмотреть СУЩНОСТЬ Яхве. Ведь Его сущность — это то, во что мы преображаемся! Что Он делает и когда? Какой пример показал нам Иисус, живя на земле? Многие вещи, вероятно, вызовут у вас дискомфорт: МЕНЯ до сих пор приводят в недоумение многие вопросы относительно того, что делал Бог!

В этой главе я перечисляю некоторые утверждения Бога (Отца, Сына и Святого Духа) о Себе и Своих действиях, однако, пожалуйста, имейте в виду, что это ВЕСЬМА ограниченный список. Я привожу его здесь лишь для того, чтобы помочь вам начать свое собственное исследование, поскольку Бога можно познавать бесконечно! Помните: как только нам кажется, что мы что-то знаем, мы перестаем расти в этой области, поэтому сохраняйте в себе смирение и жажду познавать Его! Теперь давайте посмотрим, как Бог описывает Себя.

УТВЕРЖДЕНИЯ ЯХВЕ «Я ЕСТЬ» В БИБЛИИ:

- Я долготерпелив и многомилостив (Исход 34:6)

- Я есмь Сущий (иными словами, Я есть то, что Я есть) (Исход 3:14)

- Я с тобой, и Я Бог твой (Исаия 41:10)

- Я творец всего (Исаия 44:24).

- Я Господь (Исаия 45:18 и многие другие места)

- Я есмь Альфа и Омега (Откровение 1:8)

УТВЕРЖДЕНИЯ ИИСУСА «Я ЕСТЬ» В БИБЛИИ:
(Помните, Он ТОЧНОЕ отражение Отца)

- Я есмь хлеб жизни (Иоанна 6:35)

- Я свет миру (Иоанна 8:12)

- Я есмь путь, истина и жизнь (Иоанна 14:6)

- Я есмь дверь (Иоанна 10:9)

- Я есмь добрый пастырь (Иоанна 10:11)

- Я есмь воскресение и жизнь (Иоанна 11:25-26)

- Я лоза (Иоанна 15:5)

- Я Божий Сын (Матфея 27:43)

Предлагаю вам тщательно поразмышлять над каждым из этих утверждений. Заявления Бога о Самом Себе показывают нам картину того, кем Он является, и как выглядит данная нам власть, а Иисус вообще большинство утверждений о Себе также переносит на нас, поэтому на них следует обратить пристальное внимание! Например: МЫ — свет миру; МЫ — цари и священники; МЫ сыны Божьи. При этом, несмотря на то, что многие слова Иисуса применимы и к нам, мы никогда не будем Самим ИИСУСОМ (Спасителем, Создателем или Целителем мира). Мы сыны Бога и один дух с Иисусом, а значит мы принимаем на себя Его характеристики (например, мы свет для мира), при этом мы — не Он. Следовательно, чем больше мы изучаем утверждения Бога «Я Есть», тем больше мы понимаем, как выглядит данная нам власть И растем в своей идентичности.

Поразмыслив над тем, что Бог говорит о Себе, полезно изучить Его действия и исследовать, когда и как Бог совершал то, о чем мы читаем в Библии. Божьи слова и действия в Священных Писаниях показывают пример использования Его силы и власти. ОДНАКО, изучая Священные Писания, помните, что религия исказила наше восприятие и истолкование Библии. То есть, нам жизненно важно СПРАШИВАТЬ Бога о том, что мы читаем в Священных Писаниях. Его действия в Библии окружены таким количеством тайн и недопониманий, что легко упустить красоту и доброту в тех историях, которые мы читаем. Исследуя действия Бога в Библии, пожалуйста, просите Иисуса показать вам сердце Отца в каждом из них.

НЕКОТОРЫЕ ДЕЙСТВИЯ ЯХВЕ В БИБЛИИ:
(Без хронологического порядка)

- Создал все
- Изгнал Адама и Еву из Эдемского сада
- Смешал все языки
- Восхитил Еноха прямо на Небеса

- Уничтожил всю землю потопом

- Разрушил Содом и Гоморру и превратил жену Лота в соляной столб.

- Заключил односторонний завет с Авраамом (всю работу сделал Яхве)

- Боролся с Иаковом

- Говорил с Моисеем из горящего куста

- Вывел Израиль из Египта, наслал на Египет казни, ожесточил сердце фараона, разделил Красное море

- Заключил завет с Израилем

- Повел израильтян через пустыню в огненном/облачном столпе, явил Себя на горе Синай, послал манну и перепелов, приказал камню (Иисусу), наполненному водой, следовать за ними, послал змей, чтобы убить ропщущих израильтян, запретил Моисею войти в землю обетованную в результате одного акта непослушания

- Предоставил землю, где течет молоко и мед, а затем дал народу царей по его просьбе

- Насылал бедствия, голод, засуху и допустил войну и порабощение израильтян, а затем много раз спасал их

- Смеется над всеми, кто противостоит Ему

- Восхитил Илию в огненном столпе

- Сражался за Иосафата, в то время как вся армия поклонялась

- Спас Седраха, Мисаха и Авденаго из раскаленной печи

- Закрыл пасть львам

НЕКОТОРЫЕ ДЕЙСТВИЯ ИИСУСА В БИБЛИИ:

(Без хронологического порядка)

- Превратил воду в вино
- Исцелял больных
- Воскрешал мертвых
- Очищал прокаженных
- Изгонял бесов
- Успокоил бурю
- Проклял смоковницу
- Умножал еду
- Оскорблял религиозные чувства
- Перевернул столы и использовал кнут
- Прощал грешников
- Призвал в учеников обычных людей.
- Дремал
- Уходил от толпы, чтобы помолиться
- Не отвечал на каждый вопрос (Матфея 21:27)
- Ходил по воде
- Омыл ноги ученикам
- Проходил сквозь стены
- Исчез на глазах у толпы
- Перемещался (другими словами, телепортировался)
- Отдал Свою жизнь за нас
- Вернулся к жизни, а затем вознесся на Небо

НЕКОТОРЫЕ ДЕЙСТВИЯ СВЯТОГО ДУХА В БИБЛИИ:

(Без хронологического порядка)

- Парил над водами при творении

- Спустился на Иисуса в виде голубя

- Убил Ананию и Сапфиру, когда те солгали.

- Крестил учеников в Деяниях, проявившись в виде пламени огня.

В Библии мы видим много замечательных историй, которые показывают, что Бог действительно Тот, кем Он Себя называет *(например, Он многократно спасал Израиль и послал Своего Сына умереть за нас!)*. При этом, среди всех очевидных добрых дел, которые совершает Бог, в Библии также записано множество загадочных историй о Нем. Некоторые из самых необычных случаев — это действия, которые кажутся противоречащими Его утверждениям о Себе *(например, ожесточение сердец людей)*. То, что говорит и делает Бог, часто выходит за рамки нашего ограниченного понимания, однако, независимо от этого важно помнить, что Он ВСЕГДА творит добро, даже если нам так не кажется.

> Исаия 45:7 «Я образую свет и творю тьму, делаю мир и произвожу бедствия; Я, Господь, делаю все это».

Данный стих звучит странно, вызывая немало беспокойства у тех, кто не уверен в благости Бога, однако нужно помнить, что каждое слово в Библии — это приглашение к развитию наших отношений с Яхве. Наше восприятие и «познание» Бога влияет на то, КАК мы читаем этот стих! Для тех, кто не укоренен в Божьей благости, эти слова оправдывают все вопросы и беспокойство нашей плоти относительно Бога, однако тех, кто уверен в Яхве, этот стих не беспокоит, потому что мы не боимся невзгод или трудных времен. Мы живем в мире и непоколебимой уверенности в Божией благости. Мы ЗНАЕМ, что Его ДОБРО вплетено во все, что мы делаем. Мы не можем проиграть: Яхве — наша сила. Он — ХОРОШИЙ, и все, что Он делает, основано на любви. Если беда все-таки придет, то она обернется К ДОБРУ: нам вообще нечего бояться! ЖИЗНЬ с избытком — наш единственный вариант, и чем больше мы возрастаем, тем больше мы видим Божью благость во всем, что Он делает.

> Псалтирь 118:68 «Благ и благодетелен Ты, — научи меня уставам Твоим».

Большинство людей отталкивают или игнорируют духовные вещи, выходящие за пределы их понимания, ОДНАКО ЕСЛИ мы не ожесточим свои сердца, мы увидим, что внутри тайны скрыто приглашение и откровение. По мере того, как наша душа смягчается по отношению к вещам, выходящим за рамки нашего представления, Святой Дух мало-помалу раскрывает все больше тайн, ранее скрытых для нас. Их суть в том, что Бог БЛАГ, и все, что Он делает, хорошо. Со временем благодаря взаимоотношениям с Богом мы вырастаем и начинаем понимать Его пути, влюбляясь в Него еще больше, поскольку эти тайны открывают больше Его доброты и славы.

Я считаю, что для того, чтобы возрастать в сыновстве и ходить в Божьей власти, христианам важно исследовать и принимать ВСЕ, кем является Бог. Принимая лишь те Его части, которые, как нам кажется, мы понимаем и с которыми нам комфортно, мы формируем весьма предвзятое представление о Боге, а мне бы не хотелось познать только одно качество Яхве, заблокировав полноту всего, кто Он есть. Ниже приведено стихотворение, которое я написала, когда столкнулась с тем, что Божьи тайны выходят за пределы моих рамок и представлений.

<u>Раскрашивая за линиями</u>

Подведи меня к моим границам

Я хочу раствориться.

Пусть будет мне некомфортно,

но я хочу знать Твое сердце

Захвати и переполни меня,

Желаю лишь Тебя.

Разломи землю, раскурочь стены

К беспорядку готова я

Я хочу всего

Неограниченная, полностью вольная

Вне своей коробочки

Мы раскрашиваем за линиями

Цвет на мне

Цвет на Тебе

Мы раскрашиваем за линиями

Если мы хотим быть похожими на Бога, мы должны принять Его во ВСЕЙ Его полноте. В настоящее время мы имеем весьма и весьма ограниченное понимание, что это означает и как это выглядит, однако независимо от этого наше сердце все равно может сказать Ему ДА. Выберете ли вы Его, даже если Его действия вас обижают? Выберете ли вы Его, даже если не понимаете, что Он делает? Несмотря на тайны Божьего слова, я научилась доверять Яхве и сохранять непредвзятость по отношению к тому, что Он делает и говорит, даже когда это вызывает у меня дискомфорт или выходит за рамки моих представлений.

Хотя я многого не понимаю, есть множество вещей, в которых я УВЕРЕНА: я знаю, что Бог БЛАГОЙ, очень БЛАГОЙ. Я знаю, что Он ЕСТЬ определение любви. Я знаю, что Он не только мой Создатель, но также мой Целитель и Искупитель. Он забрал мою боль и дал мне жизнь с избытком. Он наделил меня силой СВОЕГО Духа и принял решение связать Себя со мной на всю вечность, хотя все, что я только и делала, что совершала ошибки. Я видела, как Бог превратил мои самые большие слабости в самые сильные стороны. Он дал мне радость в горе: никто не может убедить меня в обратном.

Многие библейские истории все еще продолжают меня озадачивать. Например, Бог только недавно начал раскрывать понимание Своего гнева и суда. Ограниченное человеческое мышление часто претыкается на то, что мы не понимаем, и многие разочаровываются и даже теряют веру, замечая «несоответствия» в Священных Писаниях. Я призываю вас принять Бога несмотря на непонимание: Он в любом случае выходит за пределы наших рамок и ограничений — нам просто нужно принять эту реальность!

Вместо того, чтобы отвергать непонятное, я создала воображаемую полку с пометкой «Не знаю», на которую я регулярно ставлю какие-то вещи. Там у меня лежат важные сны, истолкования которых у меня нет, стихи, библейские истории и свидетельства, которые смущают мою душу — все хранится там. Вместо того, чтобы создавать теологию вокруг того, чего я не понимаю (или полностью отвергать это), я оставляю эти вещи в своем сердце для размышления, ожидая, когда Иисус заговорит со мной о них. Господь знает мое сердце, знает, что я хочу получить откровение о том, что лежит на полке под грифом «Не знаю». По мере того как моя душа возрастает в зрелости и способности доверять Богу, Иисус берет оттуда какие-то вещи и просвещает меня в отношении них. Мой опыт показывает, что Бог не поднимает какую-либо тему, пока я не готова услышать Его и принять истину на этот счет. Во многом время, выбранное Господом, зависит от внутренних процессов: терпение — это КЛЮЧ к росту в сыновстве и власти, потому что Бога окружает множество тайн, пока недоступных человеку.

Например, меня беспокоило то, что Яхве не предупредил другие семьи в Вифлееме, чтобы они убежали до того, как солдаты придут убивать младенцев. Священные Писания говорят, что Иосиф увидел сон и убежал, прежде чем Ирод дал приказ убить всех детей младше двух лет. Зная, что Бог заботится обо ВСЕХ Своих детях, я отложила свое любопытство на полку «Не знаю». Не знаю, как долго я размышляла над этой мыслью, но однажды Иисус ответил мне. Он сказал: «ВСЕ семьи были предупреждены, но только одна послушалась Моего голоса. Иосиф и Мария узнали Мой голос И поступили так, как было сказано». Мое сердце мгновенно успокоилось: Бог ПРЕДУПРЕДИЛ людей, но они решили не услышать того, что

Он им говорил (или услышали, но ничего не сделали).

Рассмотрим гнев Божий еще на одном примере: наше понимание этой темы фильтруется через ЧЕЛОВЕЧЕСКОЕ представление о гневе. Если наш опыт основывается лишь на ЧЕЛОВЕЧЕСКИХ примерах, у нас нет другого способа осознать чистый и справедливый гнев Яхве. Если исследовать понятие «гнев» в Священных Писаниях, то мы видим что оригинальное еврейское слово может означать «Его лицо обращено к»: фразы «Его лицо было обращено к Адаму» и «Гнев Божий был на Адама» имеют два СОВЕРШЕННО разных значения! Порой слово «гнев» в оригинальном еврейском тексте Библии на самом деле означает «опечаленный или исполненный печали». Есть случаи, когда «гнев» на иврите действительно означает гнев или сильную ярость, однако, даже когда Бог гневается, мы знаем из Священного Писания, что Его гнев сильно отличается от человеческого (Иакова 1:20).

Поэтому, изучая любую часть Божьего характера, важно читать Священное Писание ВМЕСТЕ со Святым Духом, чтобы ОН учил нас всему. Истолкование Бога через наши человеческие фильтры ВСЕГДА будет попадать мимо цели: чистый и справедливый гнев Божий остается загадкой для человеческих мозгов, ПОКА душа не обновится и не преобразится до такой степени, что у нас появится способность получить откровение и раскрыть тайну Его гнева.

Большинство верующих сосредотачиваются на одном или двух качествах Бога, таких как Его любовь или суд, а затем строят свою теологию, служение и жизнь вокруг этого атрибута (или атрибутов). Однако в таком случаем мы закрываем глаза на Божью полноту, которая доступна нам в Иисусе: Яхве не может поместиться в заготовленные для Него аккуратные ментальные коробочки, а значит наши ожидания от того, что значит быть похожими на Него и ходить в Его власти, тоже будут отличаться от реальности.

> *1 Коринфянам 13:12 (Дословный перевод ТРТ): «Ибо сейчас мы видим лишь слабое отражение загадок*

и тайн, как если бы они отражались в зеркале, но однажды мы увидим лицом к лицу. Мое понимание сейчас неполное, но однажды я все пойму, так же, как все во мне было полностью понято».

1 Фессалоникийцам 1:5а (Дословный перевод ТРТ): «Ибо благовествование наше пришло к вам не в виде слов, но в могучей силе, исполненной Духа Святого и глубокого убеждения...»

Вера — это основание наших отношений с Богом, независимое от нашего ограниченного понимания. Несмотря на тайны, мы все равно можем твердо стоять на том, что говорит нам Бог. Яхве называет нас СВОИМИ детьми и говорит, что ОН наполняет нашу чашу; ОН готовит стол; ОН сражается за нас; ОН восстанавливает нашу душу; Он безмерно благ и Он хочет, чтобы мы росли, больше, чем кто-либо другой. По какой-то странной причине единственное, что нужно сделать нам — это принять то, что ОН уже совершил.

От Иоанна 6:28-29 «Итак сказали Ему: что нам делать, чтобы творить дела Божии? Иисус сказал им в ответ: вот дело Божие, чтобы вы веровали в Того, Кого Он послал» [Выделено автором].

Окружает ли Бога тайна? Да. Можем ли мы выбирать Его несмотря на неизведанное? Да. Люди были созданы для единения, выходящего за рамки нашего понимания. Все, что от нас требуется, это поверить (выбрать Его). Когда мы говорим «ДА» Иисусу, все остальное становится на свои места.

Чем больше я принимаю то, кем Он является, тем больше я буду как Он.

Чем больше я доверяю Ему, тем больше я могу ходить в Его власти.

Чем больше я понимаю Его, тем больше я могу использовать Его силу.

Глава третья

СКОЛЬКО СИЛЫ ИМЕЕТ НАШ ВРАГ?

Сосредотачиваясь на Отце, можно получить гораздо больше, чем пытаясь узнать больше о враге наших душ. Однако, все же следует объяснить, сколько у врага реальной власти и мощи, потому что мы постоянно (осознанно и неосознанно) взаимодействуем с ним. У Бога и Небесных воинств есть сила, у врага есть сила, и у нас есть сила, так что полезно обсудить границы и силу нашего противника, чтобы потом не впадать в смятение и не отдавать ему территорию.

> Ефесянам 6:12 «Потому что наша брань не против крови и плоти, но против начальств, против властей, против мироправителей тьмы века сего, против духов злобы поднебесных».

История нашего врага началась задолго до того, как была создана земля. Люцифер думал, что сможет стать подобным Яхве, погубил свою мудрость (Иезекииль 28:17), и Бог изгнал его с Небес. Впоследствии он упоминается в Библии как «сатана», что просто означает *противник*. На основании Откровения 12:4 предполагается, что около 1/3 ангелов поддалось развращению и пало вместе с сатаной. У нашего врага много имен, лиц и позиций, например, демоны, падшие ангелы, князья, силы и злые духи. Однако независимо от титулов, это наш противник, который ненавидит людей, завидует нам и хочет украсть, убить и уничтожить наши жизни. Врагу никогда нельзя доверять, даже если то, что он говорит, нашей разбитой и раненой душе *кажется* правдой: каждое сказанное им слово несет смерть, независимо от того, какие факты он искажает в своих искушениях.

При создании мира власть править и царствовать на земле была дана Адаму и Еве. Они были призваны ПОДЧИНИТЬ землю и превратить ее в рай, однако вместо этого они позволили змею подчинить себя. Они предпочли поверить лжи змея, а не тому, что сказал Яхве. Когда люди вкусили от Древа Познания, их действия высвободили смерть по всей земле. Сатана возвысился в своей власти и силе, узурпировав власть Адама и Евы и став «князем мира сего» (Иоанна 12:31), «князем, господствующим в воздухе» (Ефесянам 2:2) и «богом века сего» (2 Коринфянам 4:4).

> 1 Иоанна 5:19 «Мы знаем [достоверно], что мы от Бога и что весь мир [вокруг нас] лежит во зле [во власти лукавого, противостоящего Богу и Его заповедям]».

После грехопадения все творение было подчинено проклятию греха. Люди были бессильны выбраться из того беспорядка, в который сами себя загнали: мы стали несовершенны, и никакое соблюдение закона или добрые дела не могли исцелить наши разбитые души! Когда-то мы были под властью сатаны, но через Иисуса мы стали СВОБОДНЫ.

> Колоссянам 1:13 (Дословный перевод TPT): «Он полностью спас нас от тиранического правления тьмы и перевел нас в Царство Своего возлюбленного Сына».

> Колоссянам 2:15 «Отняв силы у начальств и властей, властно подверг их позору, восторжествовав над ними Собою».

Богу было недостаточно просто освободить нас от греха: люди должны были СНОВА ОБРЕСТИ ВЛАСТЬ — именно в этом состояла задача Христа. Бог дал нам Свой Дух и посадил нас на Небесах: Иисус совершил для нас гораздо больше, чем мы могли попросить или представить. Мы ничего не могли заработать или заслужить сами, однако же Он дал нам все и даже БОЛЬШЕ.

1 Иоанна 4:4 (Дословный перевод NLT): «Но вы принадлежите Богу, мои дорогие дети. Вы уже одержали победу над этими людьми, потому что Дух, живущий в вас больше духа, живущего в мире». [Выделено автором]

2 Петра 1:3 (Дословный перевод NLT): «Божественной силой Своей Бог дал нам все необходимое для благочестивой жизни. Все это мы получили, познав Его, призвавшего нас к Себе Своей дивной славой и превосходством».

Итак, изначально у сатаны не было власти, пока люди не отдали ему свою, а затем пришел Иисус, забрал ключи и обезоружил нашего врага. Почему же тогда все еще СТОЛЬКО зла на земле? Потому что пока у человека есть свобода воли не выбирать Яхве, у врага всегда будет возможность повлиять на землю: наше невежество — его сила.

Ефесянам 4:27 (Дословный перевод ESV): «и не давайте никакой возможности диаволу».

Люди по незнанию верят лжи сатаны и наделяют его силой в своей жизни и, что еще хуже, дают ему власть на земле. Духовные существа не имеют физического тела, поэтому наш враг постоянно ищет себе мост из духовного мира на землю: наш противник привязан к духовной сфере, пока люди добровольно не становятся для него мостом. Когда наши действия основаны на лжи, в которую мы верим, мы становимся его руками и ногами на земле.

1 Петра 5:8 «Трезвитесь, бодрствуйте, потому что противник ваш диавол ходит, как рыкающий лев, ища, кого поглотить».

Он бродит по земле в поисках того, кого можно поглотить. Ключевое слово здесь «ИЩЕТ». Злые духи ищут, кого можно поглотить, потому что у них нет ни силы, ни власти убивать, как им заблагорассудится: большая часть власти, в которой действует враг, дана ему людьми. МЫ наделяем врага силой каждый раз, когда соглашаемся с его ложью. Мы даем жизнь и энергию тому, на чём сосредоточиваемся (тратя время или эмоции). Когда враг может повлиять на наши эмоции, это даёт ему силу. Например, мы питаем (даём жизнь) непрощение, когда имеем горечь против кого-то. Сатана бродит по земле, ищет способ получить силу и власть, и Адам и Ева были первыми, кто это сделал, однако мы поступаем так каждый день, когда соглашаемся с ложью и усиливаем влияние врага на свою жизнь.

Услышьте меня правильно: сатана НЕ так силён, как люди думают или опасаются. Некоторые люди *верят*, что у врага много власти, говоря «дьявол заставил меня это сделать», но он <u>не</u> так уж силён: он не может ЗАСТАВИТЬ нас что-либо сделать. БОГ дал человеку свободу воли, и врагу <u>не позволено</u> отнимать её у нас... вообще. Если бы сатана был таким могущественным, как думают люди, и имел возможность лишить нас свободы воли, то мы все были бы мертвы (потому что именно этого он в конечном итоге и добивается!). По сути, наш враг — мастер-<u>манипулятор</u>.

> Иоанна 14:30-31a (Дословный перевод NLT): «У Меня нет больше времени говорить с вами, потому что приближается правитель этого мира. <u>Он не имеет власти надо Мной</u>, но Я сделаю то, что требует от меня Отец...» [Выделено автором]

Помните, что мы ЕДИНЫ с Иисусом. Если сатана не имел власти над Христом, то он не имеет власти и над нами! Наш противник может искушать нас и <u>пытаться</u> повлиять на нас или обмануть нас, однако <u>мы сами позволяем врагу ослепить и связать нас через своё соглашение с ним</u>: чем больше люди соглашаются с дьявольской ложью, тем больше поддаются влиянию его обмана. Однако сатана может <u>только влиять</u> на людей, больше <u>ничего</u> — как только человек решает, что он не собирается играть врагу на руку, наш противник проигрывает. Невозможно бесповоротно «продать душу дьяволу» и оказаться вне досягаемости Бога.

Римлянам 8:38-39 (Дословный перевод NLT): «И я убеждён, что ничто никогда не сможет отлучить нас от любви Божией: ни смерть, ни жизнь, ни ангелы, ни демоны, ни наши страхи за сегодняшний день, ни заботы о завтрашнем дне, даже силы ада не могут отлучить нас от любви Божией. Никакая сила ни на небе вверху, ни на земле внизу, да и ничто во всём творении никогда не сможет отлучить нас от любви Божией, которая открывается во Христе Иисусе, Господе нашем».

Как я уже говорила, после грехопадения человека дьявол стал «князем мира сего», «правителем, господствующим в воздухе» и «богом века сего». Иисус ДЕЙСТВИТЕЛЬНО обезоружил врага человечества, однако земля всё ещё находится под проклятием греха: творение и «воздух» (атмосфера) всё ещё находятся под влиянием сатаны, потому-то они и стонут об откровении нас, сынов Божьих.

Римлянам 8:19-21 (НРП): «Ведь всё творение с нетерпением ожидает откровения сынов Божьих, потому что оно было подчинено бессмысленности существования не по своей воле, а по воле Того, Кто подчинил его. Но у творения есть надежда на освобождение от власти тления, чтобы обрести ту же славную свободу, что и дети Божьи».

Конечно же существуют уникальные обстоятельства, когда врагу позволяется иметь большую власть над землёй, однако эти случаи являются исключениями. Например, Бог дал сатане разрешение мучить Иова (более подробная информация об Иове будет представлена далее в этой книге!) Мы также знаем, что сатана просил просеять Петра, как пшеницу, кроме того, в Откровении несколько раз упоминается, что разные стороны (зверь, дракон, саранча и т. д.) будут иметь власть сеять хаос на земле во время перехода между эпохами. Однако, несмотря на то, что искушение велико, лучше не стоит строить богословие вокруг отдельных событий, которые мы не до конца понимаем: в Библии есть несколько ОСОБЫХ обстоятельств, например, таких как жало в плоть у Павла, которые являются исключениями.

В Священном Писании описаны четкие границы, которых должен придерживаться наш противник:

> Бог не позволит нам подвергаться большим искушениям, чем мы способны выдержать [1 Коринфянам 10:13].

> Мы можем все во Христе [Филиппийцам 4:13]

> Грех не имеет над нами власти [Римлянам 6:14]

> Мы свободны от закона греха и смерти. Ничто не может отлучить нас от любви Божией [Римлянам 8:1-39]

> Мы БУДЕМ сталкиваться с испытаниями, но Иисус уже одержал победу [Иоанна 16:33]

> Иисус обезоружил духовных правителей и власти [Колоссянам 2:15]

> Вооружившись всеоружием Божьим, мы можем противостоять замыслам врага [Ефесянам 6:11]

> Если мы используем щит веры, мы можем угасить любую пылающую стрелу врага [Ефесянам 6:16]

> Подчинившись Богу, мы сможем противостоять дьяволу, и он убежит [Иакова 4:7]

Более того, Бог обещает обратить во БЛАГО ВСЕ для тех, кто любит Бога (Римлянам 8:28), и для нас это все ОЧЕНЬ хорошие новости! На нашего противника наложены ограничения, и даже когда враг наносит удар, Бог все равно обращает это во благо НАМ! Мы не можем проиграть. Это невероятно! Мы реально получили лучший расклад во вселенной, так что да, сатана здесь и обладает некоторой силой, и время от времени у него больше власти, чем обычно, но даже тогда его нападки на нас по-прежнему приносят нам пользу. Атакуя христиан, дьявол каждый раз рискует сделать нас сильнее, вместо того, чтобы сломить, как он надеется. Самое замечательное в его попытках просеять нас то, что это ВЫЯВЛЯЕТ любые нечистые примеси! Каждый раз, когда мы злимся, обижаемся, боимся или соглашаемся с ложью, это выявляет внутреннюю сферу, которую мы можем обновить и получить исцеление! Каждое просеивание дает нам возможность для большего прорыва!

Когда христианин понимает, как мало власти над ним имеет враг, это реально меняет все: если мы не верим в его ложь и обман, он НЕ оказывает на нас вообще никакого влияния. А ЕСЛИ мы обнаруживаем сферу, которую он действительно контролирует, все, что нужно сделать, это принести эту часть сердца Иисусу, чтобы получить исцеление и восстановление!

> Иоанна 1:5 (НРП): «Свет светит во тьме, <u>и тьма не</u> <u>поглотила Его</u>». [Выделено автором]

> 1 Иоанна 4:4 (Дословный перевод NLT): «Но вы принадлежите Богу, мои дорогие дети. Вы уже одержали победу над этими людьми, потому что <u>Дух, живущий в вас, больше духа, живущего в</u> <u>мире</u>». [Выделено автором]

Так что либо мы побеждаем, либо Бог приносит в ситуацию искупление, и мы все равно побеждаем! Так в чем же разница между этими двумя вариантами? Краткий ответ: мы. МЫ создаем разницу. Бог (ясное дело) знает, что происходит, даже враг об этом в курсе. Главный вопрос в том, что МЫ решим сделать и кому МЫ поверим? Наш противник имеет некоторую власть, но не над нами:

> 1 Иоанна 5:18-19 (Дословный перевод NLT): «Мы знаем, что дети Божьи не практикуют грех, ибо Сын Божий хранит их в безопасности, и <u>лукавый</u> <u>не может дотронуться до них</u>. Мы знаем, что мы дети Божьи, и что мир вокруг нас находится под контролем лукавого». [Выделено автором]

> Иакова 4:7: «Итак покоритесь Богу, противостаньте дьяволу, и <u>убежит от вас</u>». [Выделено автором]

Следовательно, у врага есть власть над землей, но не над

христианами, поскольку он не властен над Иисусом, в котором мы находимся, если только мы САМИ не дадим сатане силу, согласившись с его ложью. Повеление «Покоритесь Богу» было написано к <u>христианам</u>, то есть, мы видим, что возможно быть верующими и не подчиняться Богу. Согласиться с ложью — это то же самое, что подчиниться врагу. Сами того не зная, мы делегируем свою власть сатане точно так же, как это сделали Адам и Ева. Никто сознательно не согласится с ложью врага, который хочет украсть, убить и разрушить наши жизни, однако если люди не доверяют Яхве, они постоянно попадаются на наживку врага и соглашаются с его обманом вместо того, чтобы быть утвержденными в Боге и Его истине.

На самом деле никто кроме нас самих не может дать врагу власть над нами! У него нет никаких законных оснований <u>сохранять</u> свое влияние на верующих, поэтому как только христианин осознает реальность лжи, он может вернуть себе свою власть, и сатана НИЧЕГО не сможет с этим поделать. Победа принадлежит нам с того момента, как мы выбрали Иисуса: Он УЖЕ ДАРОВАЛ нам победу. Свершилось! Когда мы принимаем слова и победу Христа, наша душа пробуждается к этой реальности.

Несмотря на реальность победы, сердцу обычно сложно мгновенно ее принять, так как душа все еще сосредоточена на боли и душевных ранах, занимающих большую часть ее мыслей и чувств. Сталкиваясь с врагом, мы можем чувствовать себя подавленными и полными дурных предзнаменований, однако мы ощущаем это только потому, что наше сердце верит лжи и действует исходя из прошлых ран. Обновляя свой разум, мы преображаем разбитые сферы своей души, уменьшая вес и влияние боли и душевных ран.

Все, что враг может использовать для влияния на нас, — это ложь, с которой мы соглашаемся. Как только христиане перестают на это вестись, игра сатаны окончена. Благодаря единству с Иисусом, верующему достаточно принять решение, и он будет свободен от влияния сатаны. Обычно требуется некоторое время, чтобы освободиться от пут лжи, ОДНАКО мы делаем это не в одиночку: это путь СЫНовства — мы во всем идем ВМЕСТЕ С Иисусом. Через свою дружбу с Ним мы учимся бороться с ложью, которая все еще есть внутри нас, и с врагами в окружающем нас мире.

В книге «Достижение целостности» (Книга 3) мы подробно обсудили, как разбираться с душевными ранами и ложью. Когда мы имеем дело с сатаной, происходит очень похожий процесс: все в нашей жизни сводится к тому, ПРЕБЫВАЕМ ли мы в БЛИЗОСТИ с Иисусом.

Через отношения с нами БОГ показывает, что делать с каждым противником, с которым мы сталкиваемся. Не существует единого ответа или формулы, как поступать в духе: иногда Христос заставлял демонов замолчать, иногда Он повелевал им выйти, иногда просто игнорировал их, а иногда Ему приходилось отправляться в реальные, физические места, чтобы расправиться с демоническими твердынями в естественном мире. В Ветхом Завете мы также видим, что Яхве давал израильтянам <u>разные</u> инструкции для победы над врагами. Вот несколько замечательных примеров: Иисусу Навину было велено несколько раз обойти стену Иерихона и закричать. Гедеону было приказано накрыть светильники горшками. Иосафату было сказано просто стоять на поле битвы и поклоняться. <u>НИЧТО</u> из этого не подходило для победы над врагами Израиля, но она все равно пришла!

Смысл в том, чтобы идти по этой жизни ВМЕСТЕ С Богом через личные отношения. Не существует формулы «как разобраться с врагом» — наша жизнь направлена на то, чтобы расти как сыновья и учиться ходить с Отцом, как это делал Иисус. Пребывая в Яхве, мы УЧИМСЯ одолевать своих врагов: Он ХОЧЕТ, чтобы мы победили! Бог желает, чтобы мы выросли сильными и зрелыми сынами. Мы видим это на примере того, как израильтяне вошли в Землю Обетованную: в книге Судей говорится, что Бог ОСТАВИЛ великанов на земле ДЛЯ роста народа Божьего.

> Судей 3:1 (НРП): «Вот народы, которые Господь оставил, чтобы испытывать израильтян, не знавших

ни одной из войн в Ханаане».

Бог обращает внимание на наше сердце и рост, потому что Он знает, что происходит в нашей жизни, когда мы достигаем зрелости. Удивительно, но преодоление гигантов — это ПИТАНИЕ для нашей души.

> Числа 14:9 (Дословный перевод BSB): «Не восставайте против Господа. Не бойтесь жителей той земли, <u>потому что мы проглотим их, как кусок хлеба</u>. Они лишились защиты, а с нами Господь. Не бойтесь их». [Выделено автором]

Если смотреть на сатану как на «хлеб» для души и катализатор прорыва, он внезапно перестает казаться нам таким уж угрожающим.

> Бытие 50:20 Дословный перевод NLT «Вы намеревались причинить мне вред, но Бог задумал все это во благо. Он привел меня на эту должность, чтобы я мог спасти жизни многих людей».

> Римлянам 8:28: «Притом знаем, что любящим Бога, призванным по Его изволению, все содействует ко благу».

> Римлянам 8:31: (Дословный перевод NLT): «Что же сказать на это? Если Бог за нас, кто против нас?»

Мы не можем проиграть: ПОБЕДА — это наша реальность и идентичность. Всю работу проделал Иисус, поэтому для нас это скромное достижение, тем не менее, мы торжествуем. Яхве искупает каждую атаку врага, чтобы сделать ситуацию ЛУЧШЕ, чем она была до его нападения! Мы можем не увидеть результатов при своей жизни на Земле, но она — всего лишь пар. С точки зрения Небес ПОБЕДА уже совершена, и мы будем иметь тем больше силы и власти, чем больше мы будем рассматривать свои обстоятельства и весь мир через этот факт. Враг для нас как хлеб, поэтому давайте восстанем и вернем себе «недвижимость» своего сердца, тогда мы сможем подчинить землю и снять проклятие греха!

Римлянам 8:19-21 (Дословный перевод TPT): «Вся вселенная стоит на цыпочках, жаждя увидеть раскрытие славных сыновей и дочерей Божьих! Ибо против своей воли самой вселенной пришлось пережить пустую тщетность, возникшую в результате последствий человеческого греха. Но теперь, с великим ожиданием, все творение жаждет свободы от рабства разложению, чтобы испытать вместе с нами чудесную свободу, пришедшую к детям Божьим».

Глава четвертая

НАША ВЛАСТЬ

Количество силы и власти, которые Бог дает нам, поистине невероятно. Подводя итог, мы были созданы по образу Божьему, впали в грех, а затем были спасены, исцелены и восстановлены. Наше искупление включает в себя дар и способность быть ОДНИМ духом со Христом: мы никогда не станем Самим Яхве, но мы были созданы ИЗ Него, а значит у нас есть Его «ДНК», и мы подобны Ему. Теперь, когда мы также едины с Его Духом, мы можем делать то, что делал Иисус... и даже больше!

> Иоанна 14:12: «Истинно, истинно говорю вам: верующий в Меня, дела, которые творю Я, и он сотворит; и больше сих сотворит, потому что Я к Отцу Моему иду». [Выделено автором]

> Филиппийцам 4:13: «Все могу в укрепляющем меня (Иисусе) Христе».

Верующий может делать ВСЕ во Христе, ОДНАКО, чтобы развить эту способность необходимо вырасти: слишком большая власть данная слишком рано становится разрушительной для нас и для окружающих. Например, предположим, я обладаю безграничной силой, но мой разум не обновлен. В таком случае, если я посмотрю на человека и скажу: «*Ты псих!*», он мгновенно почувствует себя таким, потому что я это сказала. Бог обладает подобным уровнем силы и власти, однако Он не дает ее нам в полной мере, пока мы не способны владеть ею как Он. Наш Отец — ХОРОШИЙ и МУДРЫЙ, поэтому Он устроил все так, чтобы мы возрастали в духовном могуществе по мере достижения зрелости в Нем.

Нам предстоит СИЛЬНО преобразиться, прежде чем мы

сможем правильно ходить в Божьем могуществе. Мы рождаемся свыше как духовные младенцы, получая силу по мере взросления. Верующие начинают ходить в силе Духа по мере того как становятся теми, кто они есть в Боге, и берут на себя ответственность за свой внутренний мир. **Сначала мы принимаем, а только затем получаем способность эффективно ДЕЛАТЬ.** По мере того как мы учимся ходить во власти в своем внутреннем мире, это естественным образом переносится на внешнее выражение.

Можно научиться пользоваться определенной властью обратным путем — извне внутрь, однако это гораздо медленнее и менее эффективно, потому что ваша внутренняя <u>сломленность</u> будет противиться силе, которой вы пытаетесь овладеть. Наши действия имеют меньшую значимость по сравнению с внутренними убеждениями: дело не в том, что мы делаем, а в том, кто мы есть. Человек и религия сосредоточены в основном на том, что мы делаем, а Бог смотрит в сердце.

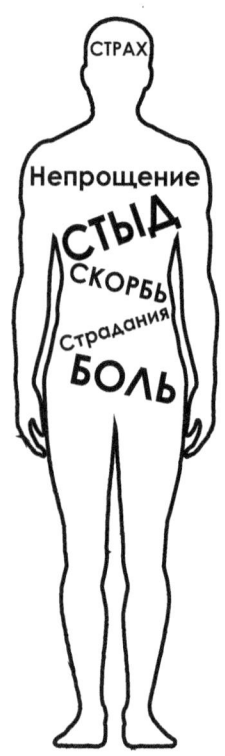

[Матфея 23:25-28] Наши действия на земле — всего лишь пар. То, во что люди верят и на чем стоят, имеет больший вес, чем их поступки, потому что истинная и вечная реальность, в которой мы живем, — это духовная сфера: именно поэтому она взаимодействует с нами на основе ВЕРЫ нашей души, а не наших действий или способностей. Весь духовный мир наблюдает за тем, во что мы поверим и чьими руками и ногами мы проявим себя на земле.

РАСТУЩАЯ ВМЕСТИМОСТЬ

Мне нравится думать о нашей власти с точки зрения вместимости. Все сотворенные существа имеют определенную вместимость или количество того, что они могут содержать в себе. Сыны Божьи имеют вместимость силы Божией, в которой они способны ходить, однако обычно «недвижимость» (вместимость) нашей души уже заполнена ложью и болью. Некоторые называют «недвижимость» «престолами души». Независимо от терминов, которые мы используем, реальность не меняется: то, во что верит наша душа, имеет значение, так как это влияет на нашу способность ходить в Божьей силе и власти.

> Матфея 6:24а (НРП): «Никто не может служить двум господам. Он или одного будет ненавидеть, а другого любить, или же одному будет предан, а другим станет пренебрегать...»

Внутри нас идет противостояние Божьей истины и лжи врага — они не способны мирно сосуществовать. Пока сердце не преобразится (не согласится с разумом Христа и не будет думать так же, как Он), человек будет метаться туда и обратно между сломанной человеческой перспективой и перспективой Небес (вот почему я сказала ранее, что когда мы пытаемся ходить в Божьей силе прежде чем наша душа обновилась, ее сломленность этому сопротивляется). По мере обновления разума, сопротивлявшаяся Богу «недвижимость» души начинает приходить в согласие с Ним.

В возрасте 5 лет меня начали мучить демонические видения по ночам. На протяжении всего детства Святой Дух наставлял меня, как иметь веру, и учил изгонять бесов из своей комнаты. Я читала Библию и училась «обороняться» с помощью имени Иисуса. Преодолев страх видеть бесов, я набралась смелости, чтобы противостать им лицом к лицу и сказать: «Уходите во имя Иисуса!» Бес уходил, и я могла спать спокойно. Однако как только я училась выгонять одного беса из своей комнаты, его место всегда занимал более крупный и могущественный демон, и с каждым разом они становились все больше и страшнее, и мне требовалось больше смелости, чтобы противостоять им и выгонять вон.

И вот однажды в мою комнату вошел бес, которого я не смогла выгнать. Я велела ему уйти во имя Иисуса, а он заявил, что не обязан мне подчиняться. Он сидел глядя на меня вызывающе и уверенно, в то время как я пыталась понять, что происходит, ведь меня всегда учили, что бесы ОБЯЗАНЫ уходить, если вы приказываете им «во имя Иисуса». Однако тут я столкнулась с демоном, который заявил, что он не обязан уходить, и это меня капитально потрясло. Именно тогда я узнала, что **духовный мир взаимодействует с нами на основе наших внутренних убеждений (способности нести духовную власть), а не наших действий.**

Этот демон был более могущественным, чем те, с которыми я сталкивалась ранее, и его способность использовать духовную власть была выше, чем мое умение владеть силой Бога. Я НЕ утверждаю, что демонический дух может сравниться с Яхве — я сама не понимала своей истинной сущности, и мое сердце не было обновлено истиной. Недостаток веры ограничивал мою способность ходить в силе и власти, которые мне уже были даны.

> Марка 9:29: «И сказал им: сей род не может выйти иначе, как от молитвы и поста».

Когда ученики не смогли изгнать беса, Иисус объяснил им, что этот род выходит только молитвой (в некоторых переводах еще добавлен пост). Во время молитвы или поста мы обновляем свой разум, увеличивая свою духовную вместимость. Прочитав этот стих, я начала поститься и молиться, чтобы иметь возможность изгнать этого беса, и действительно, по мере роста моей веры, понимания своей истинной сущности и обновления разума, у меня получилось это сделать. Моя способность владеть Божьей силой росла по мере работы с необновленными частями души, которые имели право голоса внутри меня.

Опять же, способность христианина ходить в Божьей силе сводится к подчинению каждой сферы жизни Яхве: без обновления души это сделать невозможно. Чтобы обрести здоровье, исцеление, прорыв, зрелость и ходить в духовной власти нам жизненно-важно отдать все Богу и преобразиться изнутри. По мере того, как мы все больше и больше соглашаемся с Истиной исчезает внутренний диссонанс: рост согласия с Яхве и доверия Ему увеличивает вместимость нашего сердца, и в конечном счете мы просто все больше объединяемся с Божьей силой, которая уже находится в нас. Достигая зрелости в Господе, мы все меньше и меньше ее заглушаем, и наша жизнь естественным образом все больше и больше становится похожей на жизнь Христа.

СИЛА ПРИХОДИТ ИЗ ПОКОЯ

> Евреям 3:19 (Дословный перевод NLT): «Итак, мы видим, что из-за своего неверия они не смогли войти в Его покой».

Жизненные обстоятельства постоянно обнажают, во что мы верим и какие у нас внутренние убеждения, поскольку это напрямую влияет на то, как мы проживаем свою жизнь. ОДНАКО даже когда нам не хватает веры в какой-то ситуации, мы все равно можем обновить свой разум в этой сфере души и изменить свою жизнь! Мы не обречены навсегда застрять во лжи и дисфункции — христиане находятся в этом состоянии только до тех пор, пока выбирают сопротивляться истине. По мере роста веры уверенность в Яхве начинает укреплять наше сердце. Этот якорь, который мы чувствуем, имеет много названий: спокойствие, покой, шалом, сосредоточение или мир. Божий покой дает нам силы сохранять внутренний мир и принимать важные решения независимо от того, что происходит. Вместо того, чтобы подчиняться обстоятельствам или действиям и мнениям людей, мы можем жить над этим.

Верующие призваны править, царствовать и преобразовывать землю, чтобы она стала похожа на Царство Христа. Живя из состояния покоя, мы способны принимать здравые, значимые решения, как это делал Христос: МЫ призваны определять свои обстоятельства, вместо того, чтобы позволять им определять наши убеждения, внутренний покой или уверенность. **Сила приходит, когда обстоятельства перестают определять наш внутренний мир.** Страх, стыд, гордость или любое другое искушение врага имеют силу только в том случае, если мы согласны с его ложью. Когда христиане выбирают ложь, покой нарушается, и мы выходим из атмосферы Божьей тишины, спокойствия и мира.

Когда Иисус с учениками попали в бурю, Он находился в покое: Его уверенность в Яхве не поколебалась даже в опасных для жизни ситуациях. Когда Иисусу и Петру понадобились деньги для уплаты налогов, опять же, Христос не был потрясён: вместо этого ОН определил Свои обстоятельства, велев Петру поймать рыбу, у которой во рту будет монета. Нет таких страшных обстоятельств или ужасных ситуаций, которые Яхве не смог бы исправить, искупить, исцелить и обратить во БЛАГО! Иисус НИКОГДА не боялся, Он всегда был в покое — уверен и укоренён в благости Божией!

Это книга (и глава) не о покое, поэтому я не буду слишком глубоко вдаваться в эту тему. Существует множество вещей, которые выводят нас из этого состояния, и о каждой нам жизненно важно спрашивать Иисуса. Тут я всего лишь хочу указать на некоторые распространённые камни преткновения для покоя, однако, чтобы получить от них реальное освобождение, нужно принести каждую из этих вещей Иисусу и принять то, что ОН говорит.

- СТРАХ
  - Страх вырывает нас из состояния покоя, потому что мы упускаем из виду доброту и верность Яхве, скатываясь к самозащите и стремлению всё сделать самим. Причина в том, что мы верим в ложь, что Яхве не позаботится и не обеспечит нас. Страх боли, смерти, недостатка, неудачи и страх быть отвергнутым — вот коренные страхи, из которых проистекают все остальные. *[Для справки, тема страха подробно обсуждается во 2-й главе Книги 3 «Достижение целостности»]*

- ОБСТОЯТЕЛЬСТВА/ЛЮДИ
  - Мы даём людям или обстоятельствам власть вывести

себя из состояния покоя, когда возлагаем свою надежду и ожидание на них, а не на Иисуса. Каждый раз, когда мы сосредотачиваем свое внимание и взираем на кого-то или что-то кроме Яхве, мы выходим из состояния покоя и входим в состояние недостатка. *[Во 2-й главе книги 2 «Возрастание в сыновстве», я представила инструменты и учение, которые помогут вам обрести поддержку В Иисусе.]*

- СТРАДАНИЯ
  - ○ Мы обсудим это подробнее в нескольких последующих главах, пока скажу лишь, что наше сердце часто выпадает из состояния покоя, когда мы испытываем страдания (или знаем, что страдает кто-то другой). Страдания — это глубоко болезненная и тревожная реальность. Зачастую людям очень трудно посмотреть за пределы своих эмоций, чтобы научиться видеть страдания глазами Иисуса. Подробнее об этом позже в книге.

Эти камни преткновения для покоя можно свести к следующему: любое согласие с ложью вырывает нас из состояние покоя. На самом деле все эти пункты — всего лишь разные грани состояния души, которая верит, что Яхве не заботится о нас. Любая ложь, в которую верит человек, мешает ему обрести покой в доброте и обеспечении Яхве. Чем больше обновляется разум, тем более мы будем пребывать в покое. Успокоение, или жизнь из состояния покоя, имеет основополагающее значение для сыновства и тем более важна, когда мы пытаемся ходить в силе и власти.

Когда я исследовала тему покоя, Иисус сказал, что собирается отвести меня в «место Его покоя». Когда я впервые там оказалась, я ожидала, что оно будет как большая спальня с изысканной кроватью королевского размера (потому что мы ж цари) с белоснежным покрывалом (символом Святого Духа). Я знала, что для Небесного Отца слово «покой» не означает «прекращение работы» или «сон», но именно это я ожидала увидеть, когда Он повел меня в «место Своего покоя».

Вместо этого я увидела комнату, в которой стоял трон и была живая красная мантия/накидка, представлявшая Святой Дух. Когда я вошла, меня пригласили принять эту мантию/накидку и сесть на трон. Я согласилась, и меня тут же покрыла мантия. Затем я села на престол (который и был местом Его покоя). Стены превратились в экраны, и я увидела все происходящее сквозь время и пространство. Я увидела, как Яхве действует во ВСЕМ, и пришла в восторг от Его НЕВЕРОЯТНОЙ работы во всех сферах. Меня поистине заворожило, сколько ДОБРА вплетено буквально во ВСЕ. Как только шок от осознания Божьей доброты и верности немного прошел, Святой Дух в форме мантии/накидки вокруг меня пригласил МЕНЯ работать с Ним через сотрудничество и со-правление на земле!

Я испытала невероятное смирение и восторг от того, что Яхве, Бог ВСЕЛЕННОЙ, захотел вовлечь МЕНЯ в Свое планирование! Мои идеи казались ребяческими и глупыми по сравнению с Его, тем не менее Бог вплел их в прекрасное выражение Своей благости. Он хотел этого так сильно, что даже замедлил вселенную, просто чтобы включить меня в Свой процесс. Как ребенок, «помогающий» отцу в проекте, я была в восторге от возможности «помочь» принести Небеса на Землю. Дети не понимают, НАСКОЛЬКО БОЛЬШЕ времени требуется, чтобы их подключить, однако несмотря на то, что на включение меня в процесс потребовалось больше времени и труда, Яхве хотел по-отцовски обучать меня по ходу. *Вставьте сюда всхлип* Я была в шоке от того, что Бог ХОТЕЛ включить меня, но ответив на приглашение я испытала огромное ВЕСЕЛЬЕ, работая со Святым Духом и принося Небеса на Землю. На этом видение закончилось: я познакомилась с «местом Его покоя» и, опять же, узнала Бога еще лучше, чем раньше.

Чем больше мы убеждаемся в благости Божией, тем больше мы способны оставаться в покое при любых обстоятельствах: испытания и страдания не могут сравниться с Божьей благостью. В этом состоянии мы обретаем власть над обстоятельствами, которые нас не поколеблют, потому что чем больше мы укоренены в Нем, тем меньше наша душа сопротивляется силе и власти, которыми мы обладаем.

ДАР РАЗЛИЧЕНИЯ И ВЛАСТЬ

Недавно я поймала себя на осуждении известного христианского лидера. Его действия не отражали природу Яхве, и мне было противно от того, как он использовал свое влияние. Затем у меня была встреча с Иисусом, где Он сказал: «Кто ты такая, чтобы судить разбитый сосуд, который Я решил использовать?» У меня был выбор остаться в осуждении и обидеться на Божье замечание, однако я уже отдала Ему свое неизменное «ДА», поэтому вопреки своей плоти я решила принять это исправление. Я смирила себя и раскаялась в том, что осудила другой разбитый сосуд, потому что я тоже была такой и теперь нахожусь в прекрасном процессе обретения целостности. Бог, по милости Своей, дал мне Свою истину вместо осуждения. Благодаря решению принять это замечание, мое сердце смогло получить откровение о том, чем различение отличается от осуждения.

Дар различения или духовная проницательность — это понимание, какой дух стоит за действиями, словами или наступившими временами. Он помогает нам определить ПРАВДУ в сообщаемой нам информации. Будь то чье-то слово (например, проповедь) или просто беседа, дар различения помогает соглашаться с истиной и выделить/отклонить сказанное из состояния дисфункции или боли (укорененных во лжи). Духовная проницательность также хранит наше сердце и позволяет являть людям благодать, отделяя их от их слов и поступков и помогая увидеть их глазами Яхве.

При этом осуждение — наш ВРАГ. Это дух критики, который мешает нам смотреть на окружающих через призму благодати. Он заставляет нас неосознанно судить человека, так как мы верим в ложь, что «знаем лучше, чем они». Этот дух коренится в гордыне и сразу же останавливает наш рост.

Более того, наше осуждение привязывает человека к его слабости, блокируя при этом нашу способность получить то, что Бог приготовил для нас. Все это происходит, хотя нам кажется, что мы знаем как надо и сами поступаем лучше!

Проглотив эту горькую пилюлю и сняв очки осуждения, я также поняла, что каждый человек очень любим Богом, будучи уникальным выражением Яхве. КАЖДЫЙ человек, независимо от уровня своей сломленности и статуса (экономического или религиозного), несет в себе отражение Отца, у которого МЫ можем учиться. Для этого есть несколько вариантов, но я всегда вспоминаю молитву Святого Патрика:

Христос со мной, Христос внутри меня,

Христос позади меня, Христос передо мной,

Христос рядом со мной, Христос завоевал меня,

Христос утешит и восстановит меня,

Христос подо мной, Христос надо мной,

Христос в сердцах всех любящих меня,

Христос в устах друзей и незнакомцев.

Критикуя и осуждая людей, мы ожесточаем свое сердце и становимся неспособны видеть их глазами Любви, радоваться за них и принимать тот образ Божий, который ОНИ выражают. Вместо этого Бог призывает нас быть смиренными и открытыми, видеть людей такими, какими их видит Он, и различать духов/корни, стоящие за ними.

Различение жизненно важно для сыновства: без него мы отстаем в росте и ослепляем себя, не понимая, когда время подставить другую щеку, а когда нужно переворачивать столы! А если серьезно, различение и власть идут рука об руку, потому что духовная проницательность смягчает и смиряет наше сердце по отношению к миру и Богу. Она учит нас видеть мир глазами Любви, чтобы мы могли по-настоящему любить людей так, как это делает Бог. Любовь — это ключ к обновлению разума, который дает нам силы ходить по земле в такой же власти, как Иисус.

КАК ХОДИТЬ В ВЛАСТИ

Теперь углубимся в детали: в этой серии мы обсудили, как научиться взаимодействовать с Яхве и жить в атмосфере Небес на Земле. Требуется немало времени, чтобы чтобы научить свое тело и душу жить в единстве нашего духа с Иисусом. Точно так же требуется время, чтобы научиться ходить в Божьей власти и силе. Чтобы возрасти в этом, нужно помнить и практиковать следующие вещи:

1. ОБЩАЙТЕСЬ С ЯХВЕ

> *1 Иоанна 2:27 (Дословный перевод TPT): «Но чудесное помазание, которое вы получили от Бога, намного больше...* <u>*Нет необходимости, чтобы кто-то продолжал вас учить. Его помазание учит вас всему, что вам нужно знать,*</u> *ибо это приведет вас к истине, а не к подделке. Итак, как научило вас помазание, оставайтесь в нем».* [Выделено автором]

Давайте не забывать: Яхве — наш вечный источник, в котором есть все, что нам нужно. Важность общения с Яхве кажется очевидной, однако нам нужно помнить, что все вытекает из нашей связи и единства с Богом. Мне очень помогла привычка спрашивать Яхве, какие страхи или неправильные установки мешают мне ходить в духовной власти. Я также прошу Его показать мне, что значит лично для меня ходить в силе Божьей. Когда я мысленно представляю, как это выглядит, у меня появляется план, как оно должно выражаться на Земле. К примеру, ваш вопрос может звучать так:

Что Ты хочешь мне рассказать о Своей власти и силе?

Когда Иисус ходил по земле во власти и силе, в чем это выражалось?

Что значит для меня ходить в той же силе и власти?

Есть ли какие-либо страхи, ложь или неправильные установки, влияющие на мою способность ходить в Божьей власти и силе?

2. УПРАЖНЯЙТЕСЬ

Совет «упражняйтесь» звучит смешно, однако единственный способ научиться чему-то новому — это практика! Практикуйте власть над своим телом, обстоятельствами и природой. Говорите с погодой, как это делал Иисус. Приказывайте болезням и смерти уйти из тела людей. Для ребенка единственный способ научится ходить — это попробовать: мы учимся практикуясь. Поначалу наши шаги не будут идеальны — придется много спотыкаться и падать, как это делают дети. Однако эти моменты не означают неудачу — это время обучения и обращения к Отцу за утешением.

3. СЛУШАЙТЕ (или читайте) СВИДЕТЕЛЬСТВА

Вера приходит от слышания (Римлянам 10:17). Наша способность доверять Яхве растет, когда мы слышим свидетельства Божьей славы. Поскольку Он Тот же вчера, сегодня и вовеки, мы можем доверять рассказам о чудесах и прорывах, которые слышим от других!

4. БУДЬТЕ КАК ДЕТИ

> Матфея 18:3-4 (Дословный перевод ТРТ) «Хорошенько запомните: если вы не измените радикально свой образ мышления и не станете обучаемыми, как малые дети, вы никогда не сможете войти. Тот кто постоянно смиряется, чтобы стать как этот маленький ребенок, тот и есть величайший в Царстве Небесном».

Хотя многие из нас думают, что духовные вещи — это обязательно что-то серьезное и зрелое, Иисус ясно дал понять: чтобы их получить, нужно быть как дети. Как только нам кажется, что мы что-то знаем, наш рост останавливается.

Дети обладают чудесным желанием учиться и познавать окружающий мир: они ОЧЕНЬ устойчивы, поднимаясь снова и снова после каждой неудачи. Если бы ребенок относился к миру так же, как взрослый, он НИКОГДА не научился бы ходить, говорить и не стал бы полноценным взрослым. Точно так же, если бы взрослые относились к миру, как дети, они бы быстро прощали, быстро росли, быстро пробовали снова и быстро доверяли. Быть подобным ребенку — прекрасно и драгоценно, но, более того, это жизненно важно чтобы научиться и возрасти в духовных вещах. Если бы это было не так важно, Иисус бы не сказал — будьте как дети!

5. ИЗУЧАЙТЕ

Изучайте, что Бог делает со Своей властью. Изучите себя и то, кем вы являетесь ВО Христе. Исследуйте, как и что делали в прошлом люди, любящие Иисуса. Мы укрепляем свою веру через изучение Священного Писания и чтение Божьих свидетельств; это также дает нам все больше и больше представления о том, кто такой Бог и кто мы.

6. СТОЙТЕ ТВЕРДО

Одну из последующих глав этой книги я целиком посвящаю тому, насколько важно для нас стоять твердо. А пока просто знайте, что наш выбор стоять на истине перед лицом невзгод и испытаний является КЛЮЧЕМ к тому, чтобы увидеть прорыв и ходить в духовной власти.

Все эти ключи помогут вам на пути развития хождения во власти. Это путешествие простое и в то же время сложное. Мы можем делать все в Иисусе — мы едины с Его Духом и можем сделать даже больше, чем Он. Власть и сила, которые мы имеем в Боге, заглушаются нашей человеческой сломленностью, однако мы не обязаны на этом застревать: победив великанов внутри, мы сможем эффективно одерживать победу над гигантами (врагами) в мире. (Мы, безусловно, способны одолеть великанов в окружающем нас мире, прежде чем победить их внутри себя, однако это дастся нам гораздо большей кровью, потом и слезами, потому что в этом случае наше сердце противостоит истине).

Возможно, вы все еще задаетесь вопросом: «Но как мне это СДЕЛАТЬ?» Подобный вопрос показывает, что вы все еще укоренены в действии, а не в бытии и принятии. Если вы общаетесь с Иисусом ради силы и власти, то вы ослеплены и упускаете самую важную часть: ИИСУС и есть наша награда! И Он стоит всего. Сила и власть являются побочным продуктом, а не средством или причиной близких отношений со Христом. Речь не о том, как что-то узнать или выяснить, христианская жизнь больше похожа на поиск сокровищ ВМЕСТЕ с Отцом. Яхве спрятал для нас вещи, которые мы можем исследовать и открывать: Он не скрывает ничего ОТ нас, как бы утаивая, — Он прячет это ДЛЯ нас.

> Притчи 25:2: «Слава Божия — облекать тайною дело, а слава царей — исследывать дело».

> Притчи 25:2 (Дословный перевод TPT): «Бог скрывает откровение слова Своего в тайном месте Своей славы. А честь царей проявляется в том, как тщательно они исследуют глубокий смысл всего, что говорит Бог».

Помните, БОГ сравнивает отношения с Ним с браком, чей смысл в том, чтобы вместе жить долго и счастливо в любви — не ради власти, не для того, чтобы разобраться в чем-то или кого-то спасти, не для того, чтобы кем-то быть или осуществить свиток-призвание. Брак заключается по любви. Он нужен для близости и соединения, чтобы быть семьей. Мы созданы любить и быть любимыми. ЛЮБОВЬ — это самый сильный крик нашего сердца. Открывая для себя Божью любовь, мы оживаем и начинаем видеть — по-настоящему видеть жизнь такой, какая она есть на самом деле. Мы также можем ходить в силе и власти, открывая тайны, превосходящие наши самые смелые мечты, но все это меркнет в сравнении с Божьей любовью к нам и любви к Самому Яхве.

Глава пятая

ВЛАСТЬ И НАШЕ ФИЗИЧЕСКОЕ ТЕЛО

Как бы верующие ни стремились ходить в исцелении и власти над своим телом, я могу сразу сказать, что все не так, как вам кажется: желание обрести «власть» над своим телом не приводит к балансу. Я провела более десяти лет, пытаясь заставить свое тело «подчиниться», а оно продолжало быть в сломленном состоянии. Я постилась, благословляла, изгоняла, связывала, освобождала, медитировала, ходила в духе во дворы Господни и пробовала всевозможные естественные средства, чтобы исцелить свое тело, однако у него ДО СИХ ПОР есть проблемы. Я делала все, что могла, чтобы получить «власть» над своим телом, но ему становилось только хуже.

До недавних пор я постоянно разочаровывалась из-за того, что у меня не получалось заставить свое тело «подчиниться», отражая исцеление и целостность, за которые заплатил Иисус. Я прошла через много этапов преображения, и я все еще в процессе! При всем этом, медленно, но верно Иисус раскрывает мне тайну тела в ритме души. Мне еще МНОГОМУ нужно научиться и много в чем возрасти, однако я могу поделиться теми вещами, которые показал мне Иисус, в надежде, что это принесет ободрение и свет в ваше путешествие с вашим телом, потому что чем больше оно ходит в исцелении, тем легче нам совершать дела на земле.

Прежде чем углубиться в эту тему, я хочу пояснить: этот инкаунтер был для МОЕГО тела в МОИХ обстоятельствах. Мой опыт МОЖЕТ вам помочь, но у вас другое тело и другие обстоятельства. Как и в случае с любым элементом нашего жизненного пути, вам необходимо обратиться к Иисусу с вопросом о том, что нужно ВАШЕМУ телу.

Однажды во время поста я почувствовала, что мое тело говорит, что оно голодно. Трудно объяснить, *как именно* оно обращалось ко мне: это был внутренний голос, который отличался от зова души или любого другого голоса, который я слышала (Какими бы физическими ни были наши тела, они также глубоко духовны). У меня было просто четкое осознание, что мое физическое тело разговаривает со мной. К тому моменту я не ела уже несколько дней, и когда вдруг мое тело заявило, что оно голодное, душа ответила: «Мы учимся получать все необходимое для жизни от Иисуса». Организму этот ответ не понравился, и он заявил, что голодовкой его этому не научить. Меня это одновременно заинтриговало и обидело, поэтому я спросила его (с наездом): *«А как бы ты хотел, чтобы тебя учили?»* Я не была готова к такому ответу: «Через наставление и соединение!» Затем тело отметило, что я уже более десяти лет говорю, что оно исцелено, целостно и едино с Иисусом, при этом, по прошествии всего этого времени, в нем все еще проявляются болезни, недомогания и неисцеленные клеточные воспоминания. Организм объяснил, что я была с ним сурова и строга: я пыталась давать ему добавки и много отдыха, но в общем и целом я все равно критиковала себя и была разочарована тем, что мое физическое состояние не совпадает с моими же ожиданиями.

Я знала, что Иисус хочет что-то изменить внутри меня, поэтому я поделилась с Ним этим странным диалогом. Пост считается полезным для души и тела, поэтому я была очень сбита с толку, когда мое тело заявило, что голодовка не помогает «привести его в форму». Картинка моего тела, души и духа, которую показал мне тогда Иисус, просто взорвала мне мозг: не говоря ни слова, Он мгновенно внедрил в мою внутренность знание (или осознание), что мои тело, душа и дух разделены и изолированы, так что все те годы, пока моя душа общалась с Иисусом, тело не соединялось с Ним на таком же уровне (или не общалось вообще). Дух уже един со Христом, и он терпеливо ждет, когда мои душа и тело догонят его. Получив это откровение, я мгновенно почувствовала, как будто с моих глаз спали шоры, и я увидела первоначальное предназначение наших тел. Я увидела прекрасное единство нашего триединого, трехчастного существа. Наши тело, душа и дух являются отражением трехчастного Бога, а Троица не имеет никакого разделения и изолированности внутри Себя Самих — Она существует в отношениях совершенного единства и радости, и это наш пример!

Пребывая в размышлениях над этим новым откровением, я увидела видение о мученике, которого пытали за веру. Чтобы справиться с болью и не отречься от Христа, он изолировал свои физические страдания, отделив от них душу, взаимодействующую с Иисусом, в то время как организм испытывал ужасные муки. В конце концов тело поддалось агонии и умерло, а душа в этот момент окончательно предстала перед Богом, где мученику была оказана великая честь за искреннюю любовь и веру в Иисуса. Затем для сравнения Дух показал мне картинку верующих-моравцев: они были тесно связаны со своим телом и, наоборот, не отделяли тело от души и духа. Их тела, равно как и души, соединялись в блаженстве и единстве с Иисусом, поэтому смертельные пытки не наносили моравцам никакого вреда: этих людей нельзя было умертвить, потому что их организм был полностью един с Самой ЖИЗНЬЮ.

Для того, чтобы вечная жизнь преобразила все мое существо, мне было жизненно важно устранить возникшее внутри меня разделение. Я знала, что для успеха в долгосрочной перспективе единство внутри моего трехчастного существа так же важно, как единство моей души с Иисусом. Господь дал мне четыре ясных провозглашения, чтобы начать процесс внутреннего объединения:

1. *«Я выбираю прощение. С этого момента я выбираю оставить прошлое и все воспоминания, которые я держу против своего тела».*

   Услышав первое заявление, я ощутила весь вес того, насколько важно стереть книгу историй обид по отношению к своему телу. По мере накопления причин для недовольства телом растет разочарование и основание для обвинений против него. Для объединения души и тела нужно сперва простить и забыть прошлое. Первое провозглашение готовит душу принять тело, вместо того, чтобы в отчаянии отвергать его.

2. *(Теперь обращаемся к своему телу):* «*Я раскаиваюсь в том, как я обращался с тобой, и в том, что отделил (изолировал) тебя от себя. С этого момента все будет по-другому. Это поворотный момент в наших отношениях*».

Это заявление является обращением души к телу. Покаяться — значит навсегда изменить свое мышление. Каждое покаяние снимает еще один слой с нашего необновленного разума и помогает прийти в согласие с теми хорошими вещами, которые приготовил для нас Иисус!

3. *(Все еще говорим со своим телом):* «*Тело, я выбираю принимать и ЛЮБИТЬ тебя, вместо того, чтобы просто терпеть, неохотно давая тебе лишь самое необходимое*».

Это провозглашение перестраивает нашу душу на здоровое отношение к телу. Любовь к себе сейчас горячая тема в западной культуре, однако эта версия пропагандируется корпорациями, которые пытаются нам что-то продать, или людьми, которые хватаются за соломинку, пытаясь заполнить пустоты в своей жизни. Божьи сыны, любящие и принимающие свое тело, сосредотачиваются НЕ ТОЛЬКО на основных потребностях организма: мы учим свое тело тому, как получать все необходимое для жизни в Небесах. Любовь к телу включает в себя его принятие (а не отказ, как учит религия) и понимание, как оно тоже может взаимодействовать с Яхве.

4. *(Все еще обращаемся к своему телу):* «*Вместо динамики господин-раб, которая у нас была, я выбираю регулярно вовлекать тебя в отношения и начинаю развивать с тобой,*

тело, близкую, *личную ДРУЖБУ*».

> Последнее провозглашение от Иисуса было то, о чем Он говорил мне в течение многих лет, но до этого инкаунтера моя душа не понимала этого полностью: Отец, Сын и Святой Дух имеют глубоко личные и блаженные отношения друг с другом. Это священная и святая связь. Бог создал нас по своему образу: тело, душу и дух. Наше триединое существо было предназначено для ОТРАЖЕНИЯ триединого существа, связи и отношений Божества. Каждая часть нашего существа свята, священна и ДРАГОЦЕННА для Бога.

(Получив от Иисуса эти провозглашения, я пообещала своему телу возвращаться к этому списку каждый раз, когда я отклоняюсь от него, и возобновлять свои отношения с ним снова и снова, пока оно не начнет отображать образ Христа.)

После этого инкаунтера волны откровения начали все глубже и глубже проникать в мою душу, и меня вдруг осенило: ну КОНЕЧНО у меня не выходит ходить по воде или телепортироваться (что я регулярно практикую/пытаюсь делать). С чего мне ожидать, что мое тело будет делать сверхъестественные вещи, когда я регулярно изолирую его, не позволяя встречаться с Богом? Это был момент неприятного осознания того, к чему я была совершенно слепа всего за несколько мгновений до встречи!

Эту главу, вероятно, придется долго переваривать, ОДНАКО не забывайте делать это вместе с Иисусом! Попросите ЕГО о подобном переживании и спросите о том, что я сказала. Позвольте Ему просеять это откровение и открыть вам истину, как это применимо к вашей душе. На объединение души и тела и умение жить в физическом мире как на Небесах потребуется время, однако это прекрасная часть нашего пути! Нам предстоит раскрыть много лжи и внести немало корректировок в свою душу, чтобы иметь глубокую и личную дружбу между всеми частями нашего триединого существа.

ЛОЖЬ

В ходе разговора на тему принятия своего тела, я хочу обратить внимание на то, насколько религия извратила наш взгляд на физическое тело человека: оно создано по образу Самого Яхве, и это невероятно! Человеческий организм — это высшая технология, сотворенная в этом земном измерении. К сожалению, религия учит, что тело — это ветхая палатка, от которой мы однажды освободимся. Она говорит, что люди просто выжидают на земле момент, когда смогут сбежать на Небеса, и что наша телесная оболочка — это всего лишь средство передвижения, на котором мы ездим, пока не умрем. Религия утверждает, что тело не имеет значения и оно не вечно. Она одухотворяет и прославляет желание угробить свой организм ради выполнения религиозных обязанностей на земле. Как это печально, и как же слепы мы были!

Евангелие не направлено на побег с земли: оно говорит о ПРЕОБРАЗОВАНИИ нашего мира, чтобы он стал похож на Рай! Более того, Иисус пришел искупить и исцелить ТЕЛО! Он даже взял Свое ТЕЛО с Собой, когда вознесся! (Енох и Илия также забрали с собой свои тела, минуя смерть и вознесшись на Небеса!) Наши тела — это знамение и чудо. Они обладают многомерными способностями и могут нарушать правила физического измерения, в котором они были сформированы!!! И что поистине уникально для всего творения: наше тело — это храм, способный вместить Дух Яхве. На остальном творении Дух Божий может покоиться, но только люди могут вместить Дух Божий ВНУТРЬ себя, чтобы Он был ЕДИН с нами.

Чтобы противостоять лжи и неверным убеждениям, которые нам привили, нужно конечно же спрашивать об этом Иисуса! Вы можете задавать Богу следующие вопросы:

Джессика только что поделилась переживанием странного инкаунтера, что Ты об этом скажешь?

Что ТЫ думаешь о моем теле?

Как выглядят здоровые отношения между моим телом,

душой и духом?

Как мне начать путь к установлению личных отношений со своим телом?

Как мне разговаривать со своим телом?

Как мне разделить свое тело, душу и дух?

Важное примечание: речь идет не только о том, чтобы услышать ответы Иисуса — они ничего не дадут, если не применять их на практике (Иакова 1:22). Как только Иисус раскрывает какую-то ложь или неправильное убеждение, разорвите с ними соглашение и сделайте сознательный выбор принять Божью истину вместо лжи. Как и в случае с другими сферами обновления ума (о которых подробно говорится в Книге 3 «Достижение целостности»): определите ложь, разорвите с ней соглашение и примите истину!

Изменение восприятия собственного тела требует времени — прекрасного времени, которое мы можем уделить на развитие доверия и дружбы с Иисусом и на восстановление отношений с собственным телом. Работать с перечисленными выше вопросами необходимо в течение какого-то периода — не стоит пытаться разобраться со всем сразу.

ИСЦЕЛЕНИЕ КЛЕТОЧНОЙ ПАМЯТИ

Какими бы физическими ни были наши тела, у них также есть духовная и эмоциональная часть. Я хочу подчеркнуть еще одну вещь, необходимую для достижения единства духа, души и тела: понимание клеточной памяти. В организме (в среднем) около 37 ТРИЛЛИОНОВ клеток. Еще больше впечатляет то, что они обладают способностью запоминать и хранить данные, что известно как клеточная память.

Отмечено МНОГО случаев, когда у реципиентов трансплантатов происходили изменения личности, всплывали воспоминания или снились повторяющиеся сны после получения чужого органа. Судя по тому, что удалось выяснить ученым, клеточная память донорского органа смогла передать сохраненные данные в тело реципиента! Сообщалось, что после операции у некоторых реципиентов происходили изменения в настроении, поведении, предпочтениях в еде, тяге к музыке, искусству, а также в предпочтениях в сфере отдыха или карьеры. Самыми странными были случаи, когда реципиенты органа внезапно просыпались со способностью играть на музыкальном инструменте, говорить на новом языке или даже с новой группой крови!

Еще более впечатляющим были результаты исследования клеточной памяти у лабораторных крыс. Чтобы изучить ее эффекты, ученые пустили в клетку самца лабораторной крысы специфический запах, одновременно посылая небольшой разряд электрошока по ногам животного. Они проделывали это неоднократно, чтобы этот запах всегда ассоциировался у животного с болью от электрошока. Затем ученые стали просто давать грызуну нюхать этот запах без электрического разряда, однако тело крысы показало такую же неврологическую реакцию, как если бы его били током! Чтобы продвинуться еще на шаг вперед, исследователи взяли семя подопытного самца и оплодотворили им самку в другом учреждении. Между отцом и потомством не было никакого взаимодействия, поскольку они находились в разных лабораториях. Затем экспериментаторы дали потомству понюхать тот же запах, но БЕЗ электрошока. К их удивлению, потомство отреагировало на запах аналогичной неврологической реакцией страха, хотя их никогда не били разрядами тока! Реакция была не такой интенсивной, как у крысы-отца, однако эксперимент доказал, что клеточная память может передаваться по наследству. Ученые продолжили эксперимент еще на одно поколение. Невероятно, но и третье поколение крыс отреагировало на запах страхом, хотя они никогда не подвергались электрошоку!

Изучение клеточной памяти — причудливое, но впечатляющее занятие. Я упомянула про клеточную память, потому что это подтверждает необходимость брать свое тело на встречи с Иисусом, ведь наш организм хранит и запоминает гораздо больше, чем мы себе представляем!

Более того, доктор Кэролайн Лиф смогла научно доказать, что наш организм проявляет или отражает убеждения и здоровье души: человеческий мозг синхронизируется с ней 6 раз в минуту (каждые 10 секунд), а значит, тело может исцеляться пока исцеляется сердце! Несмотря на это, я обнаружила, что бывали моменты, когда мое тело все еще нуждалось в исцелении, даже после того, как исцелилась душа. В этих обстоятельствах организм предпочитал держаться за травму и ее последствия, тогда как душа решала исцелиться. Например, потратив годы на внутреннее восстановление на встречах с Иисусом, я освободилась от всех травм в моей жизни, связанных с сексуальным насилием... по крайней мере, я так думала. Исчезли ночные кошмары, неуверенность и сильный страх! Я была свободна, пока не начала встречаться со своим будущим мужем. Когда он совершенно невинно тянулся ко мне или касался моего запястья, мое тело замыкалось в себе и немедленно отправляло мне травматические воспоминания. Именно в этот период я впервые познакомилась с клеточной памятью: в моей душе больше не было признаков травмы и сердечных ран, однако тело все еще хранило воспоминания о прошлом.

Каждый раз, когда срабатывали триггеры, отправляющие меня обратно в травмирующие воспоминания, я уделяла время, чтобы пообщаться со своим телом и принести эти физические воспоминания Иисусу. Я говорила следующее:

1. Тело, я призываю тебя ко вниманию и благословляю тебя услышать и принять истину прямо сейчас.

2. Я благословляю свои клетки раскрыться и выпустить все токсины, негативные воспоминания и зло. Вам больше не нужно их хранить, а вместо них я благословляю вас получить исцеление и истину Иисуса.

3. Тело, я благословляю тебя знать, что ты в безопасности. Тебя любят и ценят. (Вы можете поговорить со своим телом о событии, из-за которого оно чувствует себя травмированным. Скажите ему вслух, что в план Бога не

входило, чтобы оно пережило «АБВ» [травму или боль, через которую оно прошло].)

4.   Иисус, я прошу Тебя исцелить все травмы и негативные воспоминания в моих клетках. Пожалуйста, верни мои клетки в состояние первоначального замысла, который Ты для них запланировал.

5.   Спасибо Тебе, Иисус, за исцеление моего тела, и спасибо тебе, тело, что ты открылось и приняло результаты этого инкаунтера.

В начале главы я сказала, что мои тело, душа и дух были изолированы друг от друга, поэтому вам может быть интересно, как это могло произойти, если я брала свое тело на встречи с Иисусом — я брала свое тело на инкаунтеры МНОГО ЛЕТ назад. После того, как клеточные воспоминания о насилии исчезли, я вернулась к обычной жизни, продолжая отделять тело от остальных частей своей сущности, и пытаясь заставить его исцеляться и быть целостным. Лишь недавно я осознала, какое единство внутри нашего трехчастного существа доступно нам, так как я определенно не понимала, что мое тело не участвует в инкаунтерах и путешествиях, в которые меня брал Иисус. Так или иначе, это часть любовного танца: мы находимся в прекрасном процессе роста с Иисусом. Помните, понять все — это не главное. Мы не пытаемся достичь какого-то духовного пункта назначения. Мы соединились в любовном танце и отношениях с Троицей. Научиться разделять свое триединое существо и давать возможность нашему телу взаимодействовать с Иисусом, — это лишь часть процесса! Так что задавайте Иисусу вопросы, исследуйте и будьте терпеливы!

Глава шестая

СТОЯТЬ ТВЕРДО

В ходе своего невероятного путешествия в сыновство, я видела, как чудесным образом растворялись цунами и торнадо. Я останавливала выкидыши, видела исцеления, изгоняла бесов, меняла атмосферу, изменяла прошлое и будущее и делала много других странных вещей. Точно так же я молилась о многих исцелениях и чудесах, но они НЕ произошли. Я молилась о воскрешении многих умерших друзей и членов семьи, но никто из них не вернулся к жизни. Я не смогла остановить собственный выкидыш и много раз видела, когда «это не помогало».

> Псалом 27:13 (Дословный перевод AMP): «Я бы отчаялся, если бы не верил, что увижу благость Господа на земле живых».

Стоять твердо; иметь стойкость; подниматься, когда вас сбивают с ног, решать, кем ты являешься в самые мрачные периоды – именно ЭТИ моменты показывают, кем мы являемся по своей сути, и за что мы стоим. Когда умер мой ребенок, когда мои друзья и родственники заболели и умерли, когда мои счета оставались неоплаченными, когда у меня случился тотальный нервный срыв, и я вообще не могла функционировать, когда всякая надежда была потеряна, когда в конце тоннеля не было света, и единственное, что я слышала, были голоса моих обвинителей, мне пришлось принять решение: прогнусь ли я под давлением? Ожесточу ли я свое сердце против Бога? Откажусь ли я вообще от своей веры? Именно ЭТУ важную и заметную тему я хочу осветить в данной главе. А как насчет тех случаев, когда мы не видим прорыва или исцеления? А как насчет пророчеств, которые не сбываются? Что это дает? Как нам избавиться от боли и разочарования? Когда мы «терпим убытки», а когда продолжаем стоять? Это все очень серьезные и болезненные вопросы, которые задают почти все.

Именно в такие моменты многие верующие сдаются. Они перестают идти вперед и соглашаются на простую христианскую жизнь или вообще теряют веру. Многие люди опускают руки, сталкиваясь с трудностями. Поскольку для тех, кто во Христе, нет стыда или осуждения, для кого-то на самом деле «законно» перестать двигаться вперед несмотря ни на что и успокоиться. ОДНАКО выбирая это, мы перестаем расти. Благодаря Иисусу мы можем преодолеть свои обиды и не останавливаться, обретая прорыв и исцеление по другую сторону своей обиды.

Пасторы и проповедники любят говорить о чудесах и прорывах, однако мало кто рассказывает о потерях, несбывшихся мечтах и молитвах, оставшихся без ответа. Если не говорить о трудных временах, люди могут легко впасть в смятение, растерянность и беспокойство, столкнувшись со своими несбывшимися мечтами и трудностями. Хотя мы хотим помочь верующим подготовиться к трудным временам, не существует «простых» ответов на вопрос: *Почему это не сработало?* и на потери, которые мы ощущаем. Жизнь на земле трудна. Было бы неплохо, если бы существовали простые ответы, решения или формулы, которые можно было бы применить, чтобы «выяснить», как идти дальше, но таких нет. Существует множество факторов, влияющих на нашу земную жизнь, и большинством из них невозможно манипулировать, чтобы добиться желаемого результата.

Вот какой процесс я прохожу, пытаясь разобраться в тех случаях, когда «это не сработало».

1. Как всегда, первое, с чего следует начать, — принести Иисусу свое непонимание, боль и разочарование.

    Подчинение Богу всегда является ключевым моментом. В своей боли человеку легко поддаться обиде и смятению. Когда умирают близкие, теряются надежды или мы чувствуем себя оставленными Богом, многие люди ломаются и перестают стоять твердо в вере. Оставаться рядом с Иисусом жизненно важно, и это особенно необходимо в трудные времена.

2. Подчинившись Богу (и примирившись со всем, с чем я столкнулась), я даю своему сердцу время скорбеть.

   В 6-й главе книги 3 («Достижение целостности») я объяснила, что скорбь — это дар Божий. Это способ исцеления сердца от боли, который не дает тяжести жизненных трагедий раздавить нас. Когда нет скорби, наша душа застревает в боли, разочаровании и смятении. Без целенаправленного принятия Божьего исцеления в болезненные сферы души, мы живем в постоянной реакции на свои прошлые раны.

3. Как только мое сердце перестает сокрушаться от боли, я спрашиваю Иисуса, как ОН смотрит на ситуацию. (Не *обязательно дожидаться, пока боль полностью утихнет. Я даю своему сердцу время поскорбеть, чтобы боль перестала меня переполнять. Как только я становлюсь способна думать о чем-то другом, кроме боли, мое сердце приходит в наилучшее состояние, чтобы услышать ответ от Иисуса о том, что Он думает, и увидеть Его точку зрения).*

   Когда мы начинаем смотреть на вещи с точки зрения Небес, наша израненная душа получает исцеление. Перспектива Небес ЯВЛЯЕТСЯ истинной реальностью, а у верующих есть способность жить с Небес на Землю во всем, что мы делаем. Истина остается истиной, превосходящей физические факты и время. Когда мы смотрим на свои болезненные события глазами Иисуса, мы получаем исцеление. (Подробнее о том, как смотреть на вещи с точки зрения Небес, мы поговорим далее в этой книге.)

На ум приходит цитата: «Куда еще мы можем пойти? Только у Тебя есть глаголы жизни». Ученики заявили это сразу после того, как Иисус сказал толпе есть Его плоть и пить Его кровь, и все ушли, а они просто стояли там, сбитые с толку ужасающими, богохульными словами, которые только что услышали от Самого ИИСУСА. Они не понимали смысла того, что Он сказал, НО знали, что Иисус есть путь, истина и жизнь. Даже когда Его слова и действия оскорбляли их чувства и ПОЛНОСТЬЮ выходили за пределы их мировоззрения, они предпочитали цепляться за Христа посреди неизвестного.

Перед нами стоит тот же выбор: мы можем обидеться, что Бог не сделал и не сказал того, что мы хотели, или можем выбрать Его несмотря на смятение и боль. Когда человек сталкивается с ранами и смятением от того, что «это опять не сработало», больше всего на свете его сердцу нужно быть рядом с Иисусом. Как бы отчаянно мы ни хотели получить ответы, они не смогут исцелить наши сердца. Заявление «*Куда еще мы можем пойти?*» все еще актуально для нас сегодня. Придерживаться Иисуса и выбирать Его — это единственный путь, истина и жизнь.

СТОЯТЬ ТВЕРДО В ВЕРЕ — ЭТО НАПРЯЖЕНИЕ

Давайте поговорим о воскрешении мертвых. Есть свидетельства людей, которые были мертвы ГОДАМИ, даже десятилетиями, но вернулись к жизни, после того как кто-то помолился за них. Так как долго вам «следует» молиться, когда вы молитесь о воскрешении мертвых? Как долго вам нужно стоять в вере, а когда нужно перестать молиться и принять решение похоронить тело? На подобные вопросы не существует однозначного ответа. Вот почему так сложно научиться стоять твердо в вере: с одной стороны, наша надежда и доверие — в Иисусе ЗА ПРЕДЕЛАМИ наших обстоятельств и желаний. С другой стороны, мы призваны преобразовывать всю землю, править и царствовать, что включает в себя возможность мечтать и желать, чтобы что-то произошло на земле. Так как же нам мечтать, сохраняя при этом надежду на Иисуса? Состояние мечты и твердого стояния в вере, кажется, противоречат друг другу: это напряжение.

Я была бы рада предоставить конкретные шаги и формулы, как ходить в сыновстве и власти, но их просто не существует.

Не существует точного количества часов, сколько надо молиться, чтобы вернуть кого-то из мертвых или точная формула совершения какого-либо чуда. Есть множество сильных мужей и жен Божьих, которые движутся в мощном даре исцеления, однако, несмотря на все их «успехи», не каждый человек исцеляется по их молитве, а иногда они сами болеют. Я искренне верю, что мы все можем приобрести такую же способность исцелять, как Иисус. (*Помните, что Сам Иисус сказал: «вы сотворите бОльшие дела!»*) В то же время я признаю, что мы находимся в процессе того, чтобы стать такими же искусными в чудесах, как Иисус.

Лучший способ, который можно использовать в этом напряженном состоянии, — это ходить в подчинении Богу и одновременно твердо стоять в вере. Это искренняя вера во что-то и одновременно способность отдать это в руки Иисуса. Практикуясь брать на себя ответственность и приносить Небеса на Землю я постоянно возлагаю свою надежду и веру на Иисуса. Для меня это способность оставаться прочно укорененными ВО Христе, учась «ездить на велосипеде» сыновства. Каждая попытка ходить в духовной власти и силе — это просто попытка «покататься на велосипеде». Мы НЕ спаситель и никогда им не станем, так как мы не Иисус. Мы — ДЕТИ Яхве, которые возрастают и учатся быть зрелыми сынами. И пока мы не начнем светиться, как лампочка (а именно, не станем *преображенными, полностью обновленными* в своем *сознании*), мы останемся всего лишь ДЕТЬМИ в процессе изучения «семейного дела».

ЕДИНСТВЕННЫЙ ответ на это напряжение — поговорить с Иисусом. Надеюсь, вы уже поняли закономерность в этой серии: Иди... к... Иисусу. У НЕГО есть ответы на все вопросы — ни одна книга не сможет разъяснить ваши глубокие и болезненные вопросы так, как Он. Иисус скажет, когда следует продолжать молиться, а когда пора похоронить тело.

Подчинившись Богу и пройдя время скорби, ваше сердце приходит в наилучшее состояние, чтобы принимать что-либо от Христа. Важно, чтобы «необходимость» получить ответы от

Бога не превратилась для вас в идола, тогда Иисус сможет использовать их, чтобы привести нас к большей свободе и целостности. Вот несколько примеров хороших вопросов:

Что Ты хочешь мне рассказать о_____? (Иногда косвенные вопросы помогают оставаться в состоянии, в котором сердцу легче принимать)

Как понять, когда продолжать верить, а когда пришло время снова отдать_____Тебе?

Как ТЫ видишь эту ситуацию?

Чем больше взволнована наша душа, тем труднее среди бури эмоций услышать ответ Иисуса. Сердцу может потребоваться некоторое время, чтобы исцелиться и восстановиться настолько, чтобы мы могли услышать слова Бога. Когда вы жаждете чуда, может показаться, что у вас нет времени ждать: «Мне нужен ответ *СЕЙЧАС. Я столкнулся с кризисом!*» Это период, когда доверять может быть труднее всего. Иисус спокоен, даже когда мы в кризисе, и последнее слово остается за НИМ: Он обещает ВСЕ обратить в ДОБРО. Посреди хаоса и эмоций Господь постоянно приглашает нас войти в Его покой. Далее я расскажу об этом более подробно, а пока поделюсь несколькими истинами, которые я использую, чтобы меня не шатало из стороны в сторону в момент кризиса:

Когда мы видим только свою боль, мы теряем из виду Иисуса.

Помните, что Иисус ЕДИН с вами.

Он ГОВОРИТ, и Он не покинет вас в вашей боли.

Когда мы скорбим, позволяя ранам исцелиться, наша душа становится все более и более способной воспринимать то, что уже говорит Иисус.

Иисус достаточно велик, чтобы обратить во благо ВСЕ, с чем мы сталкиваемся.

В кризисных ситуациях может быть очень трудно понять, когда

прекратить, а когда продолжать верить в чудо: мы ж не хотим сдаваться. Сдаться значит прекратить, потому что надежды больше нет, а я говорю о серьезном решении прекратить надрывную борьбу за чудо, чтобы пребывать в покое и не скатываться к человеческим попыткам сделать что-либо самим без Бога, потому что часто то, за что мы боремся, становится для нас кумиром. Когда сердце спокойно, мы можем более эффективно услышать, когда продолжать борьбу, а когда отдать ее Иисусу. По сути, держитесь за Иисуса во всем и всегда, и по мере вашего внутреннего возрастания вы сможете услышать то, что Иисус уже говорит вам. Он — наш якорь в напряжении борьбы и подчинения Ему.

РАЗВИТИЕ СТОЙКОСТИ

Как вы, наверное, заметили, эта жизнь сильно отличается от того, как мы ее себе представляем. Интересно, что трудные времена показывают, во что реально верит наша душа, и глубину нашей стойкости. (Стойкость означает *мужество, решимость или силу характера*.) Например, Петр был непреклонен в том, что он никогда не отречется от Иисуса, но вскоре после этих слов он поддался страху — у него не хватило решимости стоять на своих словах до конца. Мы можем надеяться, что выстоим твердо, но пока не наступят трудности, невозможно узнать, что мы на самом деле сделаем. Благодаря постоянному искуплению Яхве, если мы реагируем на что-то по-человечески, у нас всегда есть шанс исправиться! Мы постоянно решаем, каким человеком быть. Возможно, в прошлом нам не хватало смелости и стойкости, однако мы можем исправиться в одно мгновение и выбрать Иисуса вместо страха.

Круто, что даже стойкость характера (твердость в вере) нужно практиковать ВМЕСТЕ С Иисусом. Своими силами у человека не получится принести плоды, которые он хочет видеть в своей жизни: для этого нам достаточно просто пребывать (жить на основании) на Древе Жизни! (Помните, Иисус — это лоза, а мы — ветви!) Мы не можем быть достаточно сильными сами по себе. Даже твердость в вере своими человеческими усилиями может принести смерть. ИИСУС наделяет нас силой и мужеством ВСЕ время (включая трудные периоды). Мы полагаемся на ЕГО силу, а не на свою. Опять же, все сводится к НАШЕМУ решению выбрать Его и положиться на Его силу в трудные времена. Чем больше мы выбираем Иисуса, а не страх, тем больше мы ходим в ЕГО силе и стойкости.

Многие люди останавливаются и сдаются, столкнувшись с напряжением. Они думают «это не сработало», а затем строят теологию на основе своего опыта. Такое происходит, когда мы ожесточаем свое сердце перед лицом кризиса. Естественная человеческая реакция — позволить душевным ранам определять себя и/или то, во что мы верим, ОДНАКО мы можем развить сверхъестественную реакцию, позволяя словам Иисуса определять нашу боль. Именно тогда все меняется. Каким бы болезненным ни был кризис, он всегда будет приносить меньше страданий, если мы ходим в близких отношениях со Христом. Чтобы держаться за Него посреди боли требуется стойкость, однако она ВСЕГДА того стоит: вы МОЖЕТЕ цепляться за Бога, если полагаетесь на Его силу.

СТАТЬ НЕПОКОЛЕБИМЫМ

Иисус Христос был непоколебим в любых ситуациях, и Он ВСЕГДА выбирал жить в Небесной реальности, а поскольку истина ПРЕВОСХОДИТ факты, Иисус никогда не позволял Своим обстоятельствам Себя пошатнуть: Его покой, радость и уверенность в Яхве был непоколебимы. Это означает, что верующие тоже могут стать непоколебимыми и твердо стоять в вере независимо от ситуации. Наш Господь не реагировал на врага и боль — вместо этого Он делал только то, что видел у Отца. Пока мы живем, реагируя на боль по-человечески, наша власть и сила над обстоятельствами будет ограничена. Способность христианина стоять твердо в вере сводится к умению жить с Небес (полагаясь на силу Иисуса). Евангелие приглашает нас: «Взойди сюда (на гору)». Когда мы живем ИЗ атмосферы Небес, все становится ясно, и наше бремя становится легким. В Иисусе мы обладаем бесконечной силой и стойкостью — мы полностью убеждены в благости Божией и не боимся ничего НИКОГДА!

Никто не может избежать страданий и боли, потому что мы все живем в разрушенном мире. Творение ждет, пока сыны Божьи преобразят и искупят землю: это план, осознание которого сейчас пробуждается в наших сердцах, и к которому мы стремимся, однако в нашей нынешней реальности все еще присутствуют страдания и боль.

Позже в книге мы рассмотрим, как страх боли блокирует нашу способность видеть свои душевные раны глазами Небес. В этом разделе я хочу дать вам возможность начать учиться тому, как жить непоколебимо посреди разбитого мира. Пока МЫ тревожимся, игнорируем или зацикливаемся на сломленности этого мира, МЫ будем подвержены боли и не сможем ходить во власти. Сыны Божьи способны ходить в вере в преобразование творения, одновременно пребывая в покое касательно его разрушенного состояния. Мы можем быть уверены, что Бог действует посреди страданий. Чем больше мы видим перспективу Небес, тем более непоколебимым будет наше сердце: уйдет тревога и потрясение из-за боли, с которой мы сталкиваемся.

Тот факт, что мы пребываем в покое относительно состояния мира НЕ означает, что нас (или Бога) все устраивает. Мы не «принимаем» боль и страдания просто «как данность». Это НЕ форма бессилия и поражения: наоборот, это освобождение от негативных эмоций (которых нет на Небесах!) и присоединение к Божьей перспективе — для души это САМОЕ сильное состояние.

Когда на меня ничто не влияет (например, я не живу, реагируя на боль), моя душа может иметь над этим власть: если ситуация не управляет моими эмоциями, значит я могу управлять ею. Точно так же я не имею власти ни над чем, на что реагирует мое сердце. Иисус не реагировал на боль — Он жил, реагируя на Отца. Покой, не зависящий от состояния мира, приходит, когда ИИСУС несет мое бремя, когда я вижу вещи глазами Небес и, конечно же, хожу в близости с Богом.

Становясь непоколебимыми, мы можем твердо стоять в вере во ВСЕМ, потому что живем с Небес на Землю. Более того, подобно Иисусу мы становимся непреодолимой силой, так как ходим в силе и власти Яхве. До тех пор держитесь Иисуса во всем и всегда. Каждый триггер — это приглашение к прорыву! Не позволяя боли ожесточить свое сердце, мы находим исцеление и рост в Иисусе и достигаем прекрасной зрелости, становясь все более похожими на Него.

> Иакова 1:2-4 (Дословный перевод ТРТ): «Мои единоверцы, когда кажется, что вас окружают одни трудности, считайте это бесценной возможностью испытать величайшую радость! Ибо вы знаете, что будучи испытана, ваша вера пробуждает в вас силу стойкости. А когда ваша выносливость возрастет, она высвободит совершенство в каждую часть вашего существа, пока не останется никаких недостатков».

Глава седьмая

ДЕНЬГИ, ДЕНЬГИ, ДЕНЬГИ

Несмотря на то, что деньги не связаны напрямую с властью, они ей считаются, поэтому в этой книге я затрагиваю тему финансов. У большинства людей этот разговор вызывает болезненную и разочарованную реакцию, поскольку на беспокойство о деньгах и попытки понять, как их заработать или умножить уходит много душевных сил. Деньги — кумир или идол для большинства людей, в том числе и для верующих. По моему определению, кумир/идол — это человек или вещь, *в которую вложено много эмоций (хороших или плохих).* Интересный аспект идолов в том, как слепо мы порабощаем себя тому, что боготворим, и боремся, защищая то, к чему привязаны. Что касается денег, то для большинства людей они являются идолом, потому что они постоянно их взвешивают, измеряют и беспокоятся о них. Следующие вопросы помогут понять, владеют ли деньги вашим сердцем.

Переживаете ли вы о том, хватит ли вам денег?

Хотели бы вы выиграть в лотерею, потому что это «облегчит жизнь»?

Как вы думаете, если бы у вас было достаточно денег, вы были бы счастливы и спокойны?

Является ли страх вашей основной мотивацией быть хорошим *распорядителем* своих финансов?

Считаете ли вы изобилие или недостаток денег на вашем счету отражением вашей веры или того, что думает о вас Бог?

Деньги влияют на всех. Мирская система управляется различными формами денег или ресурсов, следовательно, жить в этом мире значит подчиняться его денежной системе, пока мы не преобразимся и не сможем жить без ее помощи! (*Об этом мы поговорим чуть позже!*) Поскольку деньги — это валюта этого мира, они являются источником мучений для большинства людей, попадающих в ловушку системы и смотрящих на деньги как на ИСТОЧНИК. С естественной точки зрения деньги — это источник обеспечения, самоидентификации, успеха, комфорта и ценности. Большинство «духовных» людей и религий попали в ловушку мирской точки зрения на деньги: даже в христианстве существует множество противоположных мыслей и убеждений о финансах и о том, что верующие «должны» о них думать.

РЕЛИГИЯ И ДЕНЬГИ

В религии преобладают два распространенных лагеря / вариации учения касательно денег:

> Некоторые религиозные секты учат, что Бог не хочет, чтобы у вас были деньги: *«деньги — это корень всех зол. Живите на прожиточный минимум и отдавайте все, что вам не нужно, бедным. Вы все равно несчастный грешник. Чтобы быть хорошим христианином, нужно жить смиренно, а это отражается не только в ваших действиях, но и в ваших вещах. Бедность — это форма духовности: пресмыкаться, служить, повторить!»*

> Другие религиозные секты учат: *«Бог хочет благословить вас сверх ваших самых смелых мечтаний! Обязательно отдавайте десятину, будьте хорошим христианином, и Бог ОБЯЗАТЕЛЬНО обильно благословит вас. Количество ваших благословений отражает вашу веру, то, насколько вы хороший христианин и насколько доволен вами Бог. Вы — цари и царицы! Помните, что богатство нечестивых сберегается для ВАС! Богатство — это форма духовности. Отдавайте десятину, принимайте Его благодать и пожинайте!»*

Вы, вероятно, слышали об этих двух лагерях или о чем-то похожем. С темой денег связано много суждений, страхов и осуждения. Обратите внимание: в ОБОИХ лагерях есть *доля правды*. Иисус действительно просил одного человека продать все его имущество; мы действительно цари и царицы. Так где же баланс?

Деньги — это зло или благословение? Мое предположение, что деньги — это ни то, ни другое! Это НЕЙТРАЛЬНЫЙ земной ресурс, который может принести и добро, и опустошение. Каждый земной ресурс — это всего лишь пыль. Золото, землю и деньги (бумажные или цифровые) можно забрать во мгновение: все земные богатства временны и мимолетны. Они так же тщетны, как бумажные деньги в игре «Монополия».

Вопрос для христиан заключается в следующем: КАК жить с Небес (быть многомерными существами), находясь в мире, которым управляют деньги? Для сынов Божьих ИСТОЧНИК жизни — Яхве, а наш дом и личность приходят с Небес. Небеса имеют высший приоритет по сравнению с физическим царством, ОДНАКО мы все еще подключены к этому миру, созданному из «праха». С точки зрения Небес, то, что мы называем «реальностью» в этом физическом мире, — это всего лишь пар, состоящий из звуковых волн. [*См. главу 7 Книги 2 «Возрастание в сыновстве», содержащую информацию о звуковых волнах.*] Приятно иметь «монопольные» деньги в течение короткого времени на земле; приятно иметь возможность покупать и делать все, что хочется, однако в целом количество наших денег не имеет значения для Небес: это всего лишь звуковые волны. «Монопольные» деньги этого мира не конвертируются в духовный эквивалент, когда мы умираем. Так имеют ли деньги вообще значение? И нет, и да. Давайте погрузимся глубже.

ЧТО ДУМАЕТ БОГ?

Мы знаем, что Бог (Отец, Сын и Святой Дух) тесно вплетены в ткани нашего физического измерения, ОДНАКО Богу от него ничего не нужно: Ему не нужны наши деньги, время или какой-либо другой ресурс. ОН САМ — источник всего творения.

Получается, деньги вообще никак не влияют на Бога, тогда почему треть своих притч Иисус посвятил разговору о деньгах? Потому что они сильно влияют на НАШИ сердца.

> Луки 12:15 (Дословный перевод ТРТ): «Говоря к людям, Иисус продолжил: «Будьте бдительны и берегите свое сердце от жадности и от постоянного желания того, чего у вас нет. Потому что ваша жизнь никогда не сможет измеряться количеством имеющихся вещей».

Религия, на которой воспитывали меня, говорила, что Богу важны деньги. Поскольку я никогда не задавалась этим вопросом и не спрашивала об этом Самого Иисуса, я годами боролась и переживала из-за денег, желая угодить этим Богу. Прежде чем обсуждать власть над деньгами, я бы хотела развеять некоторую ложь, которую пропагандирует религия.

РЕЛИГИОЗНАЯ ПРОПАГАНДА О ДЕНЬГАХ №1

«Бог не хочет, чтобы у вас были деньги, потому что любовь к деньгам — корень всех зол».

Иисус <u>действительно</u> сказал одному богатому молодому чиновнику продать все, что у него было: Он знал, что молодой человек, пожелавший следовать за Ним, имел зависимость в этой сфере, поэтому Он пригласил его освободиться от финансового рабства. Любовь к деньгам разрушает человека, так что Иисус дал ему выбор между деньгами и ЖИЗНЬЮ. Если бы Бог действительно не хотел, чтобы у нас были деньги, Он бы не сделал царя Соломона самым богатым человеком на земле. Деньги сами по себе не имеют значения — это просто еще один ресурс. Так что не важно, есть у вас финансы или нет: ДЕЙСТВИТЕЛЬНО важно только то, принадлежит ли деньгам наше сердце.

РЕЛИГИОЗНАЯ ПРОПАГАНДА О ДЕНЬГАХ № 2

«Бог хочет благословить вас сверх ваших самых смелых мечтаний! Всегда отдавайте десятину, будьте хорошим христианином, и Бог ОБЯЗАТЕЛЬНО обильно благословит вас.

Количество благословений отражает вашу веру, то, насколько вы хороший христианин, и насколько доволен вами Бог».

Бог ДЕЙСТВИТЕЛЬНО любит Своих детей, и Он ХОРОШИЙ Отец. Каждый родитель любит благословлять своих детей, однако материальные блага не являются высшим благословением, а иногда они могут даже стать проклятием. Помните, что Бог уже благословил нас ВСЕМ духовным благословением (Еф. 1:3). Сосредотачивая внимание на финансовых благословениях мы попадаем в ловушку, которая смещает наш фокус с Иисуса на поверхностные и временные физические вещи.

РЕЛИГИОЗНАЯ ПРОПАГАНДА О ДЕНЬГАХ №3

«Бог хочет дать нам финансовые благословения, но Он не будет этого делать, пока мы не научимся ими правильно распоряжаться. По Своей милости, Бог не дает нам обильных финансов преждевременно, потому что мы растратим их из-за своей сломленности».

Я согласна, что Бог не дает нам ничего преждевременно. Например, автомобиль станет орудием смерти, если дать его ребенку, так что в этом аспекте это правда: Бог являет свою доброту, не давая нам то, к чему мы не готовы. При этом, сама идея, что «Бог удерживает от вас финансовое изобилие, пока вы не станете достаточно зрелыми, чтобы управлять им», весьма неоднозначна. Определение «изобилия финансов» у каждого свое. Самовольные определения — ОБЫЧНОЕ заблуждение, в котором живут наши души. Христианская жизнь с избытком не измеряется в финансовом эквиваленте: наличие или отсутствие денег никак не меняет нашу Небесную идентичность, место и ценность. Земное изобилие измеряется в деньгах, а Небесное — в Иисусе.

Если бы зрелость равнялась обилию финансов, то кошелек Иисуса трещал бы по швам от денег, особенно на пике Его служения. *Возможно*, Иисус был богат, однако из Писания это неясно: религиоведы разделились во мнениях относительно Его экономического статуса, но в Священных Писаниях мы часто видим, что «изобильных финансов» не было: Иисус превратил воду в вино, умножил количество еды и создал деньги из воздуха с помощью рыбы с монеткой. Снова и снова Он творил чудеса для удовлетворения нужд, потому что, насколько мы можем судить, «изобилия финансов» не было. То же самое мы видим в жизни генералов веры на протяжении всей истории. В их жизни и служении редко присутствовало то, что наша душа определила бы как «изобилие финансов». Если генералы веры и Сам Иисус не имели ВИДИМЫХ для них неограниченных денег, значит изобильная жизнь и обеспечение не измеряются наличием финансов, И их наличие не является показателем духовной зрелости.

> Филиппийцам 4:11-14 (Дословный перевод BSB): «Я говорю это не по нужде, ибо я научился быть довольным независимо от обстоятельств. Я знаю, как жить скромно, и знаю, как изобиловать. Я привык к любой ситуации — к насыщению и голоду, к изобилию и нужде. Я все могу через Христа, который дает мне силу».

РЕЛИГИОЗНАЯ ПРОПАГАНДА О ДЕНЬГАХ № 4

«Вы ДОЛЖНЫ давать десятину, чтобы быть хорошим христианином».

Если у вас волосы на голове до сих пор еще дыбом не встали, возможно, сейчас встанут! Десятина — ЭТО закон Ветхого Завета, и я заявляю вам, что это та часть закона, которую исполнил Иисус. Мы больше не живем по Ветхому завету — мы получили более выгодную сделку и по более дорогой цене. Мы УМЕРЛИ и получили Царство. Можно подумать: «Ура! Мне больше не нужно давать десятину». Не совсем... теперь ВСЕ, кто вы есть и все, что имеете, принадлежит Богу. Раньше мы были должны Ему 10%, а теперь мы с Ним ОДИН дух. Десятина Нового Завета не является заповедью, потому что мы — живая жертва; мы — Христос во плоти на земле. Наши деньги — Его деньги. Речь больше не идет о том, чтобы выделить 10% для исполнения закона. Речь идет о том, чтобы стать единым целым в браке, так что 100% твоего теперь принадлежит Христу и наоборот.

РЕЛИГИОЗНАЯ ПРОПАГАНДА О ДЕНЬГАХ №5

«Долги — это плохо, поэтому не следует в них влезать. Бог хочет, чтобы мы хорошо распоряжались своими деньгами, а долги означают безответственность».

Религия очень сильно давит на то, что христианин должен быть «хорошим управителем»: религиозные стандарты, частью которых являются христиане, заставляют нас всегда работать и стремиться быть «достаточно хорошими». Корень всего этого — желание взвесить и измерить свою жизнь в соответствии с человеческими представлениями о добре и зле. ОДНАКО мы спаслись не в религию или Древо познания! Наше Евангелие не связано со стремлением соответствовать требованиям! Иисус сделал то, что не смогли люди, и теперь все, что нам нужно — это ПРИНЯТЬ то, что ОН совершил! Наше Евангелие заключается в том, чтобы делать что-то ВМЕСТЕ С Отцом. СЫНовство — это про отношения! ОН научит нас, как достигать зрелости и быть похожими на Него (что включает в себя управление, хотя нам еще во многом предстоит вырасти). **Каждый раз, когда мы стремимся сделать что-то своими силами (в том числе быть «хорошим управителем»), мы упускаем суть Евангелия!** На самом деле, в подобном стремлении заключена СМЕРТЬ, потому что это попытки делать что-то, исходя из своих знаний о добре и зле!

Что касается долгов, Ветхий Завет ДЕЙСТВИТЕЛЬНО много говорит об этом, и в Послании к Римлянам Павел призывает нас не допускать непогашенных займов. То, что говорит Библия, ИСТИННО и точка! Проблема в том, что большинство верующих стали большими законниками в своих взглядах на то, что говорит Библия, и, в этом контексте, в своих взглядах на долги. Важно помнить, что верующие больше не находятся под законом (включая законничество) — мы сыновья, живущие в Новом завете, а он сосредоточен на СЕРДЦЕ.

Долговое МЫШЛЕНИЕ разрушительно — это не мышление Царства. ТАКЖЕ верно и то, что законническое мышление РАВНО разрушительно, и оно тоже не относится к мышлению Царства. На самом деле, количество долгов или богатство «монопольных» денег, которые мы имеем, не имеет значения на Небесах. Все это — пар, а вещи этого мира — лишь пыль. Бога не волнует, сколько у нас «пыли» или сколько «пыли» мы должны кому-то, вот и все. Главное — сердце!

Более того, в нашем новом завете «все позволительно, но не все полезно» (1 Кор. 10:23). Поначалу, когда вы слышите эту концепцию, она вызывает СИЛЬНЫЙ дискомфорт, поскольку люди ПОСТОЯННО (подсознательно) измеряют «правильное и неправильное» с точки зрения Древа Познания. В следующей главе мы углубимся в эту тему, так что ждите дополнительных объяснений. На данный момент я подчеркиваю, что долги сами по себе несущественны с точки зрения Небес, важно, чему принадлежит ваше СЕРДЦЕ, и как оно смотрит на долги.

ВСЯ вышеперечисленная пропаганда содержит в себе частичную правду, которая дополнительно фильтруется через душевные раны и ложь, приводя нас к смерти и рабству, и то, только потому что мы вовремя не остановились и не спросили Иисуса, что Он думает. Каждый раз, когда мы делаем что-то без Бога, мы создаем беспорядок и упускаем суть, поэтому я призываю вас нести все свои религиозные представления о деньгах к Иисусу и спрашивать Его мнения: уверена, вы удивитесь так же, как и я!

В целом деньги — это не что иное, как инструмент, который мы можем использовать на этой земле. Количество «монопольных» денег, которое мы имеем, не является отражением Яхве и Его благости: Он добр вне зависимости от того, сколько у нас материального «пара». Точно так же количество финансов не является прямым отражением веры, Божьей благосклонности или успеха. Да, внутренние убеждения человека определенно влияют на его финансовое состояние, однако количество долгов или изобилие денег не является «доказательством» духовных способностей.

Я верю, что Яхве не беспокоит наличие у нас долгов, однако Он также не гордится нашим финансовым успехом, иначе это научило бы нас заботиться о временных ресурсах мимолетной земной жизни. Я не говорю, что Бога не волнует наше физическое благополучие; Он, скорее, постоянно приглашает нас подняться над физическим и жить в более высокой реальности.

ВЛАСТЬ НАД ДЕНЬГАМИ

Так как мы, люди, — существа многомерные, наличие или отсутствие денег действительно влияет на нашу физическую жизнь и ее качество, но помните, что наша земная жизнь — как пар. В «Монополии» количество ваших «игровых» денег реально влияет на результат, но это ненадолго, так как в целом они не имеют значения. Все «ваши» деньги могут исчезнуть в одно мгновение, у вас нет над ними контроля: стихийные бедствия могут уничтожить ваше имущество, правительство может украсть вашу землю, все, ради чего вы так усердно работали, может исчезнуть. Все это лишь пыль — ничто из земного не проникает за завесу.

Основное значение имеет только сердце. Бога заботит ДУША, потому что она вечна. Бог «заботится» о деньгах только потому, что они влияют на нашу душу! Реакция верующих на деньги показывает, живут ли они с Небес на Землю или поддались мирской идеологии.

Небольшое примечание: ваша благодарность Яхве за финансовое обеспечение НЕ мешает сердцу смотреть на деньги как на идола. Как восторг, так и отвращение к деньгам показывает, что они меня держат. Пока финансы влияют на наши эмоции, ОНИ имеют над нами власть. Чтобы перевернуть ситуацию, душа должна освободиться и от страха, и от любви к деньгам: только когда мы к ним равнодушны, как в игре «Монополия», тогда мы по-настоящему свободны.

Если мы не научимся быть довольными В Иисусе, враг позаботится, чтобы у нас ВСЕГДА был недостаток. Когда наш мир, радость и удовлетворение каким-либо образом связаны с деньгами, мы открываем врагу дверь для постоянных мучений. Пожалуйста, помните: мы НИКОГДА не получаем выгоды от партнерства с ложью врага. Все, что мы получаем взамен, — это смерть, замаскированную под псевдо-выгоду.

Филиппийцам 4:11б: «…я научился быть довольным тем, что́ у меня есть».

Деньги могут быть либо нашим инструментом, либо тем, что порабощает нашу жизнь. Каждый раз, когда мы смотрим на деньги как на нечто большее, чем просто инструмент, они становятся идолом. Они не приносят и не могут принести удовлетворения, мира или радости: Яхве — наш источник жизни, мира, радости, удовлетворения И обеспечения. Нам НЕ нужны деньги — можно совершать великие дела и заниматься работой в Царстве, не тратя ни копейки. Бог безграничен и деньги Его не сдерживают, также как и нас! Но нас *могут* сдерживать деньги, если мы забываем свою идентичность и впадем в идеологию игры «Монополия».

У нас нет власти над вещами, которые управляют нашим сердцем. Чтобы мы имели власть над деньгами, они не должны влиять на нас! Так как же нам стать свободными? Конечно, самый быстрый и простой ответ — через Иисуса, но изменить отношение своей души к деньгам может быть непросто из-за СИЛЬНОГО внушения религии, как относиться к финансам. Независимо от наших убеждений, деньги глубоко вплетены в наши представления о себе, своем обеспечении, комфорте и т. д. Обычно нашему сердцу требуется время, чтобы принять то, что Иисус говорит о земных деньгах. Ниже приведены несколько замечательных вопросов, которые вы можете задать Ему для начала.

Что ТЫ говоришь обо всем этом безумии, которое только что высказала Джессика?

В какую ложь о деньгах я верю?

Какая валюта у Небес?

Как мне жить с Небес на Землю, продолжая оставаться на Земле?

В этой главе я намеренно не осветила все стихи и концепции, касающиеся денег. Вероятно, у вас много вопросов, и это здорово! Пойдите, поговорите о них с Иисусом — Он наш источник, который может показать вам истину так, как у меня бы никогда не получилось.

Глава восьмая

КАК ЖИТЬ ОТ ДРЕВА ЖИЗНИ

Все, что делает Яхве, сводится к ОТНОШЕНИЯМ. Чтобы у нас была истинная свобода, Бог дал нам возможность отвергнуть Его и таким образом отказаться от ЖИЗНИ. В саду Яхве создал два дерева, которые стояли отдельно от остальных: Древо Жизни (осязаемое проявление изобильной жизни Бога) и Древо познания добра и зла (осязаемое проявление нашей способности отвергнуть Бога). В саду не было закона, была только изобильная жизнь и повеление не есть от Древа Познания, символизирующего наш выбор делать что-то своими собственными силами без Бога. В большей части этой серии книг я использовала выражение «выбрать Иисуса», но по сути это то же самое, что выбрать Древо Жизни.

В Саду Адаму и Еве был предоставлен ясный и осязаемый выбор, однако они не были убеждены в благости Бога, поэтому, когда пришло искушение стать как Бог, они отвергли Его изобильную жизнь и попытались получить то, что у них уже было. Люди обманулись, но обманулись потому, что не спросили об этом Яхве — они не пригласили Его к разговору. Вместо этого Адам и Ева попытались сделать все своими силами и, поступая так, отвергли Бога и ослушались Его.

Сегодня перед нами стоит тот же выбор: Древо Жизни (выбрать Иисуса/делать что-то с Ним) и Древо Познания (не выбрать Иисуса/делать что-то своими силами). Для нас эти деревья больше не осязаемы, тем не менее, время от времени мы выбираем на основании какого дерева будет действовать наше сердце. Поскольку это решение больше не является осязаемым, самое сложное для нас — ПРИЗНАТЬ духовную реальность этих деревьев. Все, что мы когда-либо знали, — это то, как подсознательно мыслить и жить исходя из Древа Познания. В момент, когда мы выбрали Иисуса, мы стали с Ним одним ДУХОМ, однако наша ДУША осталась необновленной. Душа человека — это дом его свободной воли, поэтому каждый несет ответственность за обновление своего разума. Это означает, что даже верующие могут оставаться глубоко укорененными в Древе Познания до тех пор, пока не порвут соглашение со старым мышлением и не выберут Иисуса в КАЖДОЙ сфере своей жизни.

Как сыны Божьи, мы не ПЫТАЕМСЯ отвергнуть Бога: мы любим Его и хотим насыщаться от Древа Жизни, однако наше понимание как жить «правильно» основывается на познании добра и зла. Мы постоянно взвешиваем, измеряем и судим, что такое «добро» и «зло», но проблема в том, что мы стремимся проживать жизнь СВОИМИ собственными силами и пониманием. В тот момент, когда мы делаем что-то отдельно от Яхве (вкушаем от Древа Познания), мы начинаем увядать как лоза, отрезанная от дерева.

Адам и Ева (очевидно) верили в Бога, ОДНАКО этой веры было недостаточно для того, чтобы решить подчиняться Богу во всем. Точно так же мы верим в Бога, но не убеждены в Его благости. Это приводит к тому, что христиане используют искаженное «понимание» «добра» и «зла», чтобы ориентироваться по жизни, даже после спасения. **Древо Жизни — это совершенный символ ЕДИНСТВА**, а не человеческих попыток и домыслов. Восстановление единства — это основная концепция Евангелия. Мы приглашены жить от Древа Жизни, а именно, просто держать нашего любящего Отца за руку, учась ходить ВМЕСТЕ С Ним. Он — Отец, а это значит, что ОН направляет и учит нас, ОН несет наше бремя, ОН — наша сила. Мы можем просто быть в покое в Нем, пока все наши нужды удовлетворяются.

И то, и другое дерево дает нам возможность ходить в духовной власти, так что сам факт, что вы можете сделать что-то своими силами, не делает это «правильным» или «хорошим». Каждый раз, когда мы действуем своими силами, в это все равно будет вплетена смерть, ДАЖЕ если вы делаете «благое» дело. Более того, человек с даром различения тоже может правильно различить или судить о чем-то согласно Древу Познания, НО это правильное суждение не будет соответствовать действительности, потому что оно не укоренено в жизни (Древе Жизни)! Оно извращается, потому что пришло через человеческие попытки, а не через единство с Богом. Мое суждение о выдающемся христианском лидере, упомянутое ранее, является ОТЛИЧНЫМ примером: мое мнение о нем *было* точным, НО я опиралась не на Древо Жизни и поэтому *ошиблась. Все, что сделано без любви, будет нести в себе смерть.*

ВСЕ, что делается без связи с Яхве, даже если вы пытаетесь сделать это ДЛЯ Него, приносит смерть, так как делая что-то самостоятельно на основании своего ограниченного понимания, мы в сердце своем отвергаем единство с Ним. Незнание духовных (или естественных) вещей не влияет на их реальность: на людей по-прежнему влияют существующие духовные и естественные законы, независимо от их знания или невежества. Незнание ребенком закона гравитации не мешает ему падать лицом вниз, точно так же наше невежества в отношении Древа Познания не отменяет смерти, которую мы привносим в различные ситуации и даже в служение!

Вкратце, я хочу прояснить, что знание *само по себе* не является злом. Помните, что один из семи духов Божьих — это дух ПОЗНАНИЯ (Исаия 11:2). У нас есть ДОБРЫЙ Отец, который ХОЧЕТ, чтобы мы росли и взрослели. В Иакова 14:26 даже говорится, что Святой Дух научит нас ВСЕМУ. Знание не было грехом: к смерти Адама и Еву привел отказ от Бога и непослушание Ему. Поэтому сейчас мы находимся на пути обновления своего разума и учимся жить ВМЕСТЕ С Богом-Отцом, хотя многие поколения (огромное число людей!), жившие до нас, действовали на основании Древа Познания. Мы искали через него знания, тогда как ВСЕ ЭТО можно найти в Древе Жизни! Знание само по себе никогда не представляло проблему — все всегда сводилось к тому, на основании какого дерева мы действуем.

Путь освобождения от Древа Познания начинается, когда мы ищем и принимаем ЕДИНСТВО с Богом. Раньше все, что мы умели — это взвешивать, измерять и судить о жизни только на основании того, что нам *кажется*, мы знаем. Эти суждения и разделение «добра» и «зла» являются формой поляризации. В своей слепоте и невежестве люди постоянно измеряют и поляризуют свою жизнь: свет — это хорошо, а тьма — это плохо; покой — это хорошо, а стресс — это плохо; эта еда хорошая, а та — плохая; эта политическая партия/идеология хорошая, а та плохая. Список можно продолжать и продолжать. Поляризация и осуждение — это то, что делают ВСЕ, поэтому людям очень странно рассматривать концепцию жизни просто без поляризации и осуждения.

Более того, когда мы поляризуемся/живём по Древу Познания, мы вкладываем эмоции в суждение о ком-то или чём-то, и тогда мы привязываемся к тому, что мы поляризовали через свои чувства и суждения! Например, когда я осуждала известного христианского лидера, я была СВЯЗАНА своим суждением и не видела сердца Яхве по отношению к нему. Человеческое взвешивание и суждение приносит смерть И привязывает нас к тем вещам, которые мы категоризировали. Так что, первый шаг к освобождению от Древа Познания — это ВЗАИМОДЕЙСТВОВАТЬ с Иисусом и ПОДЧИНИТЬ ЕМУ те сферы, которые, по вашему мнению, вы «знаете». Звучит знакомо, не так ли? ВСЕ, **абсолютно ВСЕ сводится к нашему ЕДИНСТВУ с Иисусом!** Своими силами НЕЛЬЗЯ отлепиться от Древа познания. Отказываясь от позиции поляризации и разрывая всякие соглашения с ней, мы освобождаем свою душу, чтобы услышать ИСТИНУ, потому что мы больше не привязаны к тому, что, как нам казалось, мы знали.

Иисус (Древо Жизни) ЕСТЬ виноградная лоза, а мы — ветви. Все сводится к нашей связи с источником — Яхве, Иисус и Святой Дух верны нам. Они заплатили самую высокую цену за то, чтобы мы получили доступ к Древу Жизни, и Они больше вкладываются в то, чтобы мы выбрали жизнь, чем мы. Чтобы отлепиться от Древа Познания, просто начните просить об этом Иисуса (Святого Духа, или Яхве)!

Когда мы выбираем Древо Жизни и принимаем его для себя, Бог начинает учить нас тому, КАК все делать с Ним/в Жизни. Старые догмы, рамки и человеческие попытки, которыми мы руководствовались, исчезают, и их место занимают тонкая (но мощная) тишина, укоренение в Нем и наполнение силой! Древо Жизни дает вам баланс, единство и сфокусированность, которые становятся основой вашей жизни, действий и взглядов. Вы начинаете видеть изобильную жизнь и учитесь действовать исходя из нее. (Вы также начнете видеть благость Божию во ВСЕМ, мастерски вплетенную даже в самые ужасные обстоятельства. Для раненой и ослепленной души это ОЧЕНЬ оскорбительное заявление, но преодолев обиду вы обнаруживаете целостность и доброту, о которых вы никогда и не мечтали!)

Чтобы увидеть более полную картину, полезно сделать шаг назад и оценить, что сделали Яхве и Иисус в Библии. Бог — это пример баланса и единства. Когда мы исследуем, как выглядит жизнь с точки зрения Небес (Древа Жизни), мы начинаем видеть, что Библия, творение и Евангелие являются образами ЕДИНСТВА. В начале Яхве сотворил свет И тьму и сказал, что это ХОРОШО. Он создал положительные и отрицательные магнитные поля, которые буквально поддерживают творение. Он создал противоположные элементы, такие как огонь и вода. Он Бог милости и суда. На протяжении всего творения мы видим примеры противоположных концепций, работающих вместе в ХОРОШЕМ Божьем плане. Мы знаем, что Иисус никогда в Своей жизни не грешил, а это означает, что Он жил исключительно за счет Древа Жизни. Во время Своего пребывания на земле Иисус постился и пировал. Он радовался и плакал. Он исцелял людей и переворачивал столы. Иисус удалялся от людей и шел к толпе. Он много работал, но также отдыхал. Он поощрял и упрекал. Он танцевал и скорбел. Иногда Он соблюдал «религиозный протокол», а иногда просто сражал ВСЕХ наповал. В действиях Яхве и Иисуса мы можем видеть множество, казалось бы, противоположных концепций или действий, которые все подпадают под покров БОЖЬЕЙ БЛАГОСТИ и хорошего плана.

Божьи пути и точка зрения ОЧЕНЬ отличаются от путей человека. Например, просто посмотрите на ПЕРВОЕ записанное чудо Иисуса: Он превратил воду в вино для уже пьяных людей! Мы ОПРЕДЕЛЕННО отнесли бы это в категорию «плохо!» Еще один забавный пример: я почти уверена, что если бы Иисус САМ не перевернул столы, мы бы назвали подобное поведение «плохим». Это показывает, что НАШЕ суждение о добре и зле СИЛЬНО отличается от суждения Яхве. Если наша версия «хорошего» и «плохого» противоречит Божьей перспективе, то нам предстоит СЕРЬЕЗНО потрудиться, чтобы отделиться от неправильного древа, обновиться, и начать учиться жить по Древу Жизни. На самом деле, жизнь по Древу Жизни и наше представление о том, как она должна выглядеть, СИЛЬНО отличаются.

В Эдемском саду не было «закона», о котором нужно было беспокоиться, Адам и Ева не имели познания «добра» и «зла», чтобы судить и жить по ним. Жизнь в саду сводилась к двум вещам: жизни с избытком и выбору/способности отвергнуть Бога. ТАКАЯ модель (свободная от закона) была ХОРОШЕЙ в глазах Бога. Вот как ОН устроил Сад! Отделяясь от Древа Познания, мы обнаруживаем, что перестали поляризовать и измерять жизнь: в Древе Жизни есть только ЖИЗНЬ. Человеческие попытки прекращаются, потому что мы не пытаемся делать что-то своими силами. Мы УВЕРЕНЫ в БЛАГОСТИ Яхве. Мы больше не боимся, что Бог удерживает что-либо от нас, и знаем свою позицию по отношению к Нему. Мы делаем ВСЕ из единства и блаженства, потому что несмотря ни на что, во всем есть ЖИЗНЬ.

Нам предстоит многое отпустить и отдать Богу, чтобы хотя б начать понимать концепцию Древа Жизни. ВСЕ в старой природе человека ОТВЕРГАЕТ Древо Жизни. Из-за греха, наша плоть фактически запрограммирована отвергать Бога и Его природу, НО когда мы исследуем Древо Жизни и позволяем Иисусу говорить в наше сердце, ВСЕ меняется. Наша точка зрения, наш источник жизни, наши мысли и действия — все радикально преображается в Древо Жизни. А начинается все просто с взаимодействия и согласия с единством, которое мы имеем с Иисусом, уже живущим внутри нас!

БОЛЬ И ДЕРЕВО ЖИЗНИ

Моим самым большим препятствием, чтобы жить от Древа Жизни, вероятно, был страх боли (своей и чужой). Мне не нравилось испытывать боль и видеть, как другие страдают. Я считала, что следует избегать дискомфорта, страданий и боли, и даже в служении моей мотивацией было помочь другим избежать или уменьшить боль. В моем сердце она была ОГРОМНЫМ кумиром (фокусом), и потребовалось много лет общения с Иисусом, прежде чем я решила посмотреть на это с Его точки зрения. Преодолев страх перед болью, я сразу же почувствовала, как шоры спали с моих глаз, и я увидела, что люди — это существа, преимущественно <u>мотивированные болью</u>: я впервые заметила, что 99,9999% времени мы живем и планируем свою жизнь вокруг нее.

Объясню, что я имею в виду: люди выбирают карьеру и живут на основании того, что принесет им желаемый уровень комфорта. Мы либо изо всех сил стараемся заработать больше денег, чтобы чувствовать себя комфортно, либо выбираем легкую работу, которая не требует от нас особых усилий, опять же чтобы чувствовать себя хорошо. А иногда люди выбирают работу, чтобы уменьшить боль других людей, чтобы им было лучше. Физическое здоровье — еще один пример того, как люди совершают выбор, основываясь на желаемом уровне комфорта. Кто-то занимается спортом (что дискомфортно), но он тренируется, чтобы либо защитить себя или свою семью (что уменьшает боль), ИЛИ чтобы стать здоровее (что уменьшает боль от распада тела в дальнейшем). Даже действия из религиозного долга совершаются для того, чтобы нам было более «комфортно» (менее болезненно), когда мы «умрем и попадем на Небеса».

Чем больше я освобождалась от страха боли, тем больше понимала, что мы постоянно думаем о том, как избежать страданий в своей или чужой жизни. Люди живут, реагируя на боль и страдания, и пытаясь найти наименее болезненный путь. Это также означает, что человеческое «сострадание» — это просто рефлекторная реакция на чужую боль, коренящаяся в страхе и самозащите, в то время как сострадание Царства мотивировано РОСТОМ, а не болью. Истинная доброта и сострадание смотрят глазами любви из вечной, общей перспективы.

Страх боли не позволяет нам увидеть БОЖЬЮ ВОЛЮ в окружающем нас мире, тормозит душевный рост и держит нас в мучениях (потому что мы соглашаемся со страхом). Я подробно рассказываю, как бороться со страхом, во 2 главе Книги 3 «Достижение целостности», но вкратце можно сказать, что борьба со страхом — такой же процесс, что и разборки с любой другой формой обмана: выявить ложь, порвать соглашение с ней и получить вместо нее то, что говорит Иисус. КАЖДЫЙ раз, когда мы соглашаемся с ложью врага, мы отвергаем Иисуса (Древо Жизни) и стремимся своими собственными силами достичь чего-то (действуя от Древа Познания). Что касается страха боли, мне не понравилось то, что сказал Иисус: я хотела оставаться в своем заблуждении, потому что мне не нравилась истинная реальность, которую показывал мне Бог.

Однако как только я смирилась с этим, мое сердце освободилось, и я смогла увидеть более широкую картину: боль неизбежна в этой жизни, а страх боли только приносит нам ЕЩЕ БОЛЬШЕ страданий. Мы живем в разрушенном мире, однако у нас есть надежда, так как ИИСУС забрал жало у всякой боли и даже у смерти. Бог превзошел Себя в Своей невероятной доброте и искуплении, распространяемых на ЛЮБОЕ страдание. Яхве НЕ ХОЧЕТ, чтобы нам было больно (вспомните прообраз Сада) — Он ХОРОШИЙ Отец, который хочет ХОРОШЕЙ жизни для Своих детей. Однако Бог не боится боли и страданий — Он обещает ВСЕ обратить во благо. Яхве берет то, что враг намеревался уничтожить, и использует эту боль как инструмент для нашего прорыва.

Учась жить не будучи мотивированной болью (страхом боли), я узнала, что Бога больше заботит наш рост, чем комфорт. Древо Жизни/природа Бога НИКОГДА не мотивируется страхом или болью: с точки зрения Древа Жизни страха не существует — есть только ЖИЗНЬ. Поэтому даже в боли люди способны видеть впереди РАДОСТЬ, выдерживая все, с чем сталкиваются. С точки зрения Древа Жизни наши страдания не сравнить с красотой и славой, в которую Бог обращает нашу боль!

БОЛЬ И ДИСЦИПЛИНА

Никто не любит боль. Точка. Но теперь у меня, как у родителя, совершенно другой взгляд на дискомфорт, связанный с дисциплиной: я не *хочу* наказывать своих детей, но я это делаю, так как знаю, что это в их интересах. Отсутствие дисциплины обрекает их на неудачи в жизни! Аналогичный принцип применим и к нашему духовному пути: мы рождаемся свыше младенцами во Христе, у нас есть ДОБРЫЙ Отец — на самом деле лучший из всех! Он невероятно целеустремлен в Своих искренних вложениях в нас. Я также верю, что Отец с нами настолько мягок, насколько это возможно, и настолько тверд, насколько это необходимо. Прочтите следующий стих:

> Евреям 12:5-11 (Дословный перевод ТРТ): «Забыли ли вы Его ободряющие слова, сказанные вам, как его детям? Он сказал: «Дитя Мое, не недооценивай ценность дисциплины и обучения Господа Бога и не впадай в депрессию, когда Ему приходится тебя поправлять. <u>Потому что Божье научение в твоей жизни является свидетельством Его верной любви. И когда он притягивает тебя к Себе, это доказывает, что ты его восхитительный ребенок</u>». Полностью примите Божье исправление как часть своего обучения, ибо Он делает то, что делает любой любящий отец для своих детей. Ибо кто когда-либо слышал о ребенке, которого никогда не нужно было исправлять? <u>Мы все</u>

должны быть рады божественной дисциплине как подтверждению подлинного сыновства. Ибо если мы ни разу не претерпели Его исправления, это лишь доказывает, что мы чужие, а не сыновья. Не правда ли, что мы уважаем своих земных отцов, хотя они дисциплинировали и наказывали нас? Тогда мы должны проявлять еще большее уважение к Богу, нашему духовному Отцу, подчиняясь Его животворящему наказанию. Наши родители поправляли нас в течение короткого периода нашего детства, так как им это казалось правильным. Однако Бог исправляет нас всю нашу жизнь ради нашего же блага, приглашая нас разделить Его святость. В момент самого дисциплинирования наказание кажется болезненным, но позже оно приводит к преображению характера, принося урожай правды и мира тем, кто подчиняется ему. [Выделено автором]

«Божье научение в твоей жизни является СВИДЕТЕЛЬСТВОМ Его верной любви… Бог исправляет нас всю нашу жизнь ради НАШЕГО же блага, приглашая нас разделить Его святость… оно приводит к ПРЕОБРАЖЕНИЮ характера, принося урожай правды и мира тем, кто подчиняется ему». Какой МОЩНЫЙ отрывок Священного Писания! Когда мы начинаем смотреть на Священные Писания глазами любящего родителя, картина совершенно меняется.

Яхве неоднократно ДОПУСКАЛ завоевания Израиля, когда сердца народа ожесточались: их дискомфорт был не так важен, как искреннее обращение к Богу. Когда мы отказываемся смягчать свои сердца по отношению к Яхве, Он допускает/использует внешние обстоятельства, чтобы вызвать достаточное неудобство и побудить нас выбрать жизнь вместо смерти. Человеческие действия и обстоятельства мимолетны, как пар, поэтому они не имеют такого большого значения, как состояние сердца. Пожалуйста, услышьте меня правильно: Бог НЕ садист, который ХОЧЕТ сделать жизнь Своих детей ужасной: НИГДЕ в Священном Писании мы не найдем этому примера. Именно Божья ДОБРОТА приводит нас к покаянию (Римлянам 2:4). Бог делает ВСЕ в любви, и Его служение — это служение примирения. Он слишком сильно любит нас, чтобы оставить в сломленном состоянии, и именно поэтому Бог мотивирован ростом, а не болью.

Мне, как родителю, ничто не приносит большей радости, чем видеть, как мои дети наслаждаются хорошими моментами и вещами, которые я им дарю. В то же время ничто не вызывает у меня большей гордости, чем наблюдать, как мои дети растут и стойко переносят трудные времена. Я не хочу, чтобы они через них проходили, но я вижу ценность и красоту характера, который они развивают. Мне хочется, чтобы мои дети выросли зрелыми и сильными сынами Божьими. Воспитывая их, я буду дисциплинировать их и давать им советы для роста. Я знаю, что их характер и хождение с Богом — это самое важное, в чем я могу помочь им повзрослеть, поэтому это превосходит мое желание сделать их жизнь легкой и идеальной. Мы видим, как Бог делает то же самое с нами. Помните, как Бог ОСТАВИЛ великанов в Земле Обетованной, чтобы израильтяне научились сражаться:

> Судей 3:1-2: «Вот те народы, которых оставил Господь, чтобы искушать ими Израильтян, всех, которые не знали о всех войнах Ханаанских, — Для того только, чтобы знали и учились войне последующие роды сынов Израилевых, которые прежде не знали ее».

Бог оставил великанов на земле не чтобы мучить Своих детей, а ДЛЯ них! В какой-то момент они поняли, что Бог допустил это ради ИХ блага:

> Числа 14:9 (НРП): «Не восставайте против Господа. Не бойтесь жителей той земли, потому что мы проглотим их, как кусок хлеба. Они лишились защиты, а с нами Господь. Не бойтесь их». [Выделено автором]

Бог знал, что победа над великанами станет ПИТАНИЕМ для

их души! Наша жизнь во многом выглядела бы совсем иначе, если бы мы рассматривали «великанов» в своей жизни как свой ХЛЕБ. Если мы будем стоять твердо в вере, мы увидим верность Бога так, как никогда и не думали. Помните, что именно Яхве готовит ПРАЗДНИК в присутствии наших врагов, а мы выбираем, сесть за Его стол или отвернуться в страхе и обиде.

Во времена, когда израильтяне ожесточали свое сердце против Бога, <u>Яхве позволял им потерпеть поражение, чтобы вернуть их к Себе</u>. Лучше было позволить народу пожать то, что они посеяли, ЧТОБЫ они вернулись к Господу, нежели оставить их с ожесточенными сердцами.

> Псалмы 118:67 (НРП): «До того, как Ты наказал меня, я заблуждался, но теперь я храню слово Твое».

> Исайя 48:10 (Дословный перевод NLT): «Я очистил вас, но не так, как очищают серебро. Скорее, Я очистил тебя в печи страданий».

> Псалмы 118:71-72 (НРП): «Благо мне, что я пострадал, чтобы научиться Твоим установлениям. Закон из Твоих уст лучше для меня, чем тысячи слитков золота и серебра».

> Иов 36:16-17 (Дословный перевод NLT): «<u>Бог уводит тебя от опасности</u>, Иов, <u>в место, свободное от страданий. Он накрывает твой стол лучшей едой. Но ты одержим тем, будут ли судимы безбожные.</u> Не волнуйся, суд и справедливость восторжествуют. Будь начеку! Отвернись от зла, <u>ибо Бог послал эти страдания, чтобы уберечь тебя от злой жизни</u>». [Выделено автором]

> Иов 36:15 (Дословный перевод NLT): «Но посредством страданий Он спасает страждущих. Потому что Он привлекает их внимание через невзгоды».

Мне особенно нравятся эти стихи из книги Иова. Бог не

пытался ему досадить — Он уводил Иова ОТ опасности, чтобы удержать его ОТ жизни во зле. Господь дисциплинирует тех, кого любит. Лучше позволить невзгодам смягчить сердце Его детей, чем настроить их против Него. Однако, все ли страдания посланы Богом потому, что у нас жестокое сердце? НЕТ. В этой жизни нам гарантированы тяжелые времена независимо от положения сердца (Просто посмотрите на жизнь Иисуса!)

> МАЛЕНЬКОЕ, НО ВАЖНОЕ ПРИМЕЧАНИЕ: Помните, что враг всегда создает прямо противоположную ложь, чтобы отвернуть нас от истины. Тот факт, что Бог заинтересован в росте, НЕ означает, что мы должны стремиться испытать как можно больше боли в своей жизни, чтобы поскорее вырасти: это садизм и демоническое внушение. В попытках причинить себе трудности и страдания, чтобы самостоятельно «повзрослеть», мы ПОЛНОСТЬЮ упускаем из виду суть: решая с помощью Древа Познания каких трудностей будет «достаточно» для «роста», мы вернулись бы к исходной точке. В этом случае мы используем Древо Познания и приносим СМЕРТЬ в свою жизнь и обстоятельства. Жизнь НЕ приходит от самобичевания. Иисус не старался изо всех сил усложнять Свою жизнь. Он наш пример — Бог во плоти. Мы не наблюдаем никаких действий или учений о самобичевании в жизни Иисуса. Все это сказано, чтобы мы могли игнорировать мысли усложнить свою жизнь с помощью каких-то извращенных методов самобичевания, чтобы вырасти в созданный самим собой идеал.

Сыны Божьи не боятся боли (и не причиняют ее себе), потому что мы живем от Древа Жизни и видим ее с Небесной точки зрения: когда она приходит, ее можно использовать для само-СОЗИДАНИЯ, а не разрушения. Нам ВООБЩЕ нечего бояться. Чем больше мы действуем, опираясь на Древо Жизни, тем больше убеждаемся в благости Бога и живем с точки зрения Небес. Ниже приведен отрывок из книги «Достижение целостности» (*Книга 3*), где я попыталась объяснить, НАСКОЛЬКО по-другому тяжелые времена и страдания выглядят в глазах Небес. Для контекста: это видение пришло ко мне сразу после того, как я медленно и мучительно потеряла троих друзей из-за рака:

> В видении Иисус привел ко мне одну из моих подруг, которая недавно умерла. Я была В ШОКЕ, увидев ее. Она была такая молодая, здоровая, целостная душой и СИЯЮЩАЯ! Она выглядела ОТЛИЧНО! Я закричала: «Керри! О, Боже мой! Я так рада тебя видеть! Мне ТАК жаль, что я не смогла исцелить тебя или воскресить из мертвых. Я сделала все, что было в моих силах». Керри просияла, улыбнулась самой широкой улыбкой, которую я когда-либо видела и сказала: «Джессика, все ХОРОШО! Это не страшно».

> Она сказала «НЕ СТРАШНО»? Я видела, как Керри умирала, видела, как медленно и мучительно угасала после каждой операции и курса лечения, а до этого мне пришлось наблюдать, как ее супруг также медленно умирал от рака. Не поняв, я переспросила: «НЕ СТРАШНО? Как ты можешь говорить, что это не страшно? Это же ужасно болезненный и страшный способ умереть». Керри, все еще сияя, невозмутимо ответила: «Джессика, оглядываясь на свое время на земле я вижу только Иисуса. Я не вижу и не чувствую боли. С точки зрения Небес, я могу с уверенностью сказать, что это было не страшно».

> У меня было переживание немного похожее на то, о чем говорила Керри: Иисус переписал мои воспоминания о сексуальном насилии. Оглядываясь сейчас назад на те события, я вижу только Иисуса, и все, что я чувствую, — это Его мир. Нет боли и травм — Иисус исцелил эти моменты моей жизни, так что когда Керри сказала,

что видит только Иисуса, у меня уже была система понимания того, о чем она говорит. Если Иисус смог совершить это с моими травмирующими воспоминаниями, то конечно Он мог сделать это со всей жизнью Керри. Потом я вспомнила о ее детях, которые за короткое время потеряли ОБОИХ родителей из-за рака, но когда я спросила Керри о них, ее ответ поразил меня еще больше.

Она улыбнулась еще шире (засияв еще больше чем раньше) и сказала: «Джессика, с моими детьми все будет в порядке! В этом мире нет страха. Иисус настолько велик и благ. Мои дети в ХОРОШИХ руках, так что все будет хорошо». Когда она сказала это, я сразу поняла, что это не значит, что они не столкнутся с трудностями: Керри просто имела непоколебимую уверенность и мир в Яхве. Иисус был добр к ее детям и любил их даже больше нее, так что даже в этом сломленном мире они оставались в надежных руках. Если они не исцелятся на земле, они переживут исцеление и прорыв на другой стороне, как и их родители. Все будет хорошо, все обновится.

Эта встреча стала знаменательным моментом в моей жизни: я увидела еще одну грань благости Божией, и снова Иисус поразил меня Своей чудесностью. Все действительно будет хорошо, даже в этом мире боли и сломленности. Нашим земным телам ДОСТУПНО исцеление, однако даже если мы его не получим, Иисус ВСЕ РАВНО добр и достаточно велик, чтобы искупить все. В любом случае, все будет хорошо: в этом мире будет боль, но она не продлится долго, и мы даже не будем о ней думать! (Рим. 8:18) Свобода от страха боли меняет все.

Вкушая от Древа Жизни, я учусь быть беззаботной: возлагая свои заботы на Иисуса, мы освобождаемся от них. Это не небрежность, а возможность не нести все на себе — ИИСУС несет бремя этого мира. ОН взял мои заботы и эмоции, а взамен дал ЛЕГКОЕ бремя! Живя в религии, где нет ничего «легкого», я никогда не понимала этот стих. В Древе Жизни я по-настоящему свободна. Эта жизнь — как пар, и я убеждена в благости Божьей даже среди страданий. Мы не можем проиграть!

Прошу, не забывайте, что это откровение пришло целиком, когда я проводила время с Иисусом. Невозможно самостоятельно научиться или придумать, как избавиться от мышления Древа Познания — сами люди не способны и никогда не были способны этого сделать: человеческая плоть ОТВЕРГАЕТ Бога и Его пути. Поэтому я призываю вас исследовать этот вопрос ВМЕСТЕ С Иисусом. Как только вы откажетесь от того, что, по вашему мнению, «знаете», и разорвете соглашения с любым страхом боли, вы начнете путь освобождения от Древа Познания. Бремя ваше будет легким, заботы облегчатся, и БЛАГОСТЬ Божия преисполнит вас!

Древо Жизни целиком укоренено в ЕДИНСТВЕ: христиане призваны быть на лозе постоянно, а не только в нужде или кризисе. Было бы глупо ожидать, что одного вдоха хватит на весь день или всю неделю! Однако именно так мы относимся к своему общению с Богом, ожидая, что одной молитвы хватит на весь день или даже на неделю, хотя так никогда не предполагалось. Мы ЕДИНЫ со Христом — разделение невозможно. Жизнь от Древа Жизни сводится к тому, что все наше существо постоянно живет из единства. Вот и все.

Евангелие — просто, и Древо Жизни — просто: пребудьте в Нем! Наше иго реально благо и бремя легко: БОГ наполняет нашу чашу; ОН готовит стол; ОН все делает во благо. Что Яхве не делает, так это не уничтожает нашу свободную волю. Мы несем ответственность за свою душу, сохраняя свою свободу. Люди не смогли бы сделать это в одиночку, так что Яхве в Своем величии наделил нас силой, дав нам ОДИН дух со Христом. Итак, одна наша часть, дух, способна делать ВСЕ во Христе — сейчас для нас нет ничего невозможного. Одновременно Бог сохранил свободную волю человека в его душе, чтобы при желании можно было по-прежнему выбрать отвергнуть Бога. Наша ответственность — обновить весь свой разум через свободную волю, чтобы выбрать Яхве в каждой сфере. Тогда наша душа все больше и больше будет связана с Древом Жизни и жить от него: наша ноша легка, и чаша наша переполнена. Во всех наших делах есть ЖИЗНЬ: мы едины с Самой изобильной Жизнью и живем ею.

Глава девятая

НАКОНЕЦ-ТО ПОГОВОРИМ О ДЕЛАНИИ!

Мне потребовалось всего четыре книги, чтобы наконец-то поговорить о ДЕЛАНИИ! (Надеюсь, вы поняли, что наши действия не так важны, как сердце). Иисус провел 30 ЛЕТ в близких отношениях с Яхве ПРЕЖДЕ ЧЕМ начал Свое служение. Таааак что... мне ничуть не стыдно, что я только сейчас собралась поговорить о делании. Давайте начнем с этого драгоценного диалога:

> Иоанна 6:28-29 (Дословный перевод NLT): «Они ответили: «Мы тоже хотим творить дела Божии. Что нам делать?» Иисус сказал им: «<u>Вот единственное дело, которого Бог хочет от вас: верить тому, кого Он послал</u>». *[Выделено автором]*

Ответ Иисуса ученикам не был списком действий, вместо этого Он сказал: «ПРИМИТЕ МЕНЯ». Сначала мы принимаем, а потом уже делаем. А как насчет всех повелений, таких как исцелять больных, воскрешать мертвых, изгонять бесов, проповедовать благую весть и заботиться о вдовах и сиротах? ПОЧЕМУ Иисус ничего из этого не сказал? Потому что эти <u>ЗАПОВЕДИ (COmmands)</u>[1] — пример того, как ВЫГЛЯДИТ Сын Божий. Все это должно <u>естественным образом ИЗЛИВАТЬСЯ</u> из нашего существа без каких-либо человеческих усилий, потому что наши действия идут от избытка СЕРДЦА: Бог

---

1   Заповедь -- англ. "command". Автор выделила часто "со", поскольку она омонимична приставке "со" означающей "делать что-то вместе с кем-либо"

ДЕЙСТВИТЕЛЬНО больше заботится о человеческом сердце, чем о действиях!

Если сердце сильно изранено, то и действия будут основаны на боли. (Даже «хорошие» действия, совершенные из состояния израненности, УКОРЕНЕНЫ в смерти.) Если душа человека ходит в ЖИЗНИ с избытком, то и его действия будут наполнены жизнью. Это прекрасно выразил Билл Джонсон: «Любите Бога всем своим сердцем и делайте все, что хотите». Когда мы действительно любим Бога всем своим сердцем, мы становимся подобны Ему, принося ЖИЗНЬ во все, что делаем.

Вот и все. Когда вы верите в Иисуса, ваша жизнь и действия меняются. Хотите быть актером? ЗДОРОВО! Там нужен Бог! Хотите быть учителем? ЗАМЕЧАТЕЛЬНО! И там нужен Бог! Хотите быть домохозяйкой? ПРЕКРАСНО! Там тоже нужен Бог! Какой бы путь вы ни выбрали, вы обнаружите, что исцеляете больных, изгоняет бесов, проповедуете благую весть и так далее. Входя в Его покой, вы становитесь воплощением Евангелия на Земле, и без всяких человеческих усилий служите руками и ногами Любви на земле!

Так что не беспокойтесь о делании: дела будут исходить от избытка вашего сердца. Верьте (примите) в того, кого Бог послал, и остальное приложится. Все просто: ОН будет направлять вас во всем, даже в делах. Бог намеренно не дает нам формул, поэтому, чтобы ТВОРИТЬ Его дела, мы должны жить, исходя из единства с Ним. Ниже приведена наша жизненная «мантра», основа Евангелия, избыток нашего сердца. ВСЕ в нашей жизни начинается отсюда:

«Отец и я — одно».

Глава десятая

ОБРЕТАЯ РАДОСТЬ

Вот уже много лет я живу удовлетворенно и спокойно, довольствуясь Иисусом, однако недавно в мою душу «запал» вопрос/осознание: *«А где же радость?»* (Я уверена, что это Бог задал мне этот вопрос, чтобы я начала его исследовать и открывать для себя!) Я нашла в Иисусе мир, удовлетворение и исцеление, но мне не хватало радости. В Библии упоминается «переполняющая радость» и «радость Господа — наша сила», но эти понятия казались мне <u>чуждыми</u>. Я никогда не ставила радость на первое место, потому что мне казалось, что «цель жизни не в том, чтобы быть счастливой». Я искала в Иисусе средства для своего существования, внутреннего мира и исцеления... и я обрела это все в изобилии! Однако, я никогда не стремилась к радости.

Размышляя на эту тему, я смирила свое сердце, чтобы получить откровение. Именно тогда Иисус позволил мне мимолетно увидеть радость: в этот краткий миг я поняла, что это ЦЕННАЯ часть Яхве, и к ней СТОИТ стремиться! С этого момента мне захотелось стремиться к радости. Я впервые осознала, что суть не в том, что жизнь должна быть полна «счастья», а в ТОМ, что радость Господа — это часть МОЕГО наследия. Это часть Небесной ткани и часть того, кем является Иисус! Я приняла решение, что если и стремиться к радости, то к самой настоящей, а не к какой-то дешевой подделке. Счастье в мире мимолетно. Даже в церкви большая часть наблюдаемой нами «радости» кажется маской, которую надевают только в отдельных случаях. Меня не интересовала мимолетная радость, потому что она-то меня охватывала периодически на разных конференциях. «Играть в воде» было весело, но длилось это недолго. Вместо простого посещения я вознамерилась найти <u>обитель</u> радости. Я поставила перед собой задачу СТАТЬ радостью. В глубине души я знала, что постоянная радость может стать такой же непоколебимой частью моей жизни, как покой и уверенность в Яхве. Я с воодушевлением устремилась на ее поиски, потому что я знала, что Иисус вложил в меня это желание радости С ЦЕЛЬЮ, чтобы я смогла ее найти.

1 Паралипоменон 16:27: «Слава и величие пред лицем Его, могущество и радость на месте Его». [Выделено автором]

Римлянам 14:17 (Дословный перевод ТРТ): «Ибо Царствие Божие не в правилах о еде и питии, но в сфере Святого Духа, наполненной праведностью, миром и радостью». [Выделено автором]

Деяния 2:28: «Ты дал мне познать путь жизни, Ты исполнишь меня радостью пред лицом Твоим». [Выделено автором]

Иоанна 15:11 (НРП): «Я говорю вам это, чтобы вы испытали Мою радость и чтобы ваша радость была полной». [Выделено автором]

Псалмы 30:11 (НРП): «В танец радости Ты обратил мой плач, снял рубище с меня и весельем меня препоясал».

Даже погруженная в религию, я верила, что Яхве – Бог РАДОСТИ. Он создал Сад и назвал его «удовольствием». Он ПОВЕЛЕЛ израильтянам веселиться (устраивать фестивали) несколько раз в год. ОН накрывает нам стол. ОН наполняет нашу чашу до краев. В Нем полнота радости. ЕГО радость – наша сила, и именно ради РАДОСТИ, предлежавшей Ему, Иисус претерпел крест. В религии я могла видеть существование этих вещей с библейской точки зрения, но такая радость казалась ЧУЖДОЙ моей душе. Тааааааак что, как и обо всем остальном, я спросила об этом Иисуса! Я думала, что встречусь с Ним, познакомлюсь с воплощением радости и отправлюсь на необычайный инкаунтер, который вытолкнет меня из зоны комфорта. Вместо этого Бог открыл, что я верила в ложь (другие убеждения души), отвергавшую радость, и у меня не было бы практически никакого прогресса, пока она не была бы разрушена, иначе если бы я попыталась познакомиться с радостью, моя душа воспротивилась бы ей.

Когда я спросила Иисуса о радости, Он сказал мне сначала разобраться со внутренними «сферами уныния», которые не только мешали мне радоваться, но и блокировали способность даже получать откровения на эту тему. После размышлений и разговоров с Иисусом на тему этих «сфер уныния» я увидела, что это были просто области моего сердца, которые все еще сосредоточены на земных проблемах. На чем концентрируется наша душа, такими мы и становимся, вот почему Бог велит нам сосредоточить свой взор на небесном. Зациклившись на земных вещах, наше сердце принимает неправильную идеологию и действует как гражданин земли.

Краткое примечание: возможно, вы не понимаете термин «часть души». Наша душа — сложнейшая операционная система, служащая центром управления для тела и духа. Отчасти ее сложность заключается в способности продолжать действовать, несмотря на невероятную боль, разочарование и травму. Когда сердце не знает, как справиться с чем-то болезненным, оно отрывает эту страдающую часть души и прячет ее куда-то «с глаз долой». (Вроде того, как дикое животное отгрызает свою конечность, когда она застревает в ловушке, только душа не может отказаться от «отгрызенной» части — она все равно несет ее вес.) Заглушая боль, сердце способно притворяться, что все решено, и продолжать жить в дисфункции. «С глаз долой» с точки зрения души просто означает запихнуть в подсознание! Проблемы все еще есть, но мы о них не знаем. Заглушая болезненные части души вы можете поддерживать свое «функционирование» (дисфункционально), однако они добавляют вес, который нам приходится нести, даже когда они убраны «с глаз долой». Это утомительно, К ТОМУ ЖЕ сердце не может предотвратить срабатывание этих сломанных частей: не имея реального исцеления, они могут активироваться в любой момент, например, если какой-то фильм, разговор или похожее событие напомнит о похороненной боли. Тогда они раскрываются, встают на трибуну и заявляют о своей израненности. Вот почему состояние человека может быть в порядке в один момент, а в следующий — быть в полном упадке. Чем больше у нас «заглушенных» частей души, тем больше она на них будет реагировать.

Подчеркнув мои «внутренние сферы уныния», Иисус показал те болезненные части, которые я прятала в глубине. Я не осознавала, что МНОГИЕ части моей души все еще были зациклены на земных вещах, хотя я провела годы с Иисусом, исцеляя самые травмированные, кричащие от боли сферы сердца. Разобравшись с «большими» ранами, я решила, что все позади, однако многие части души все еще тихо оставались в боли и дисфункции! Они укоренились внутри <u>еще до того, как</u> я научилась приносить все проблемы к Иисусу, оставаясь неисцеленными вне моего поля зрения до тех пор, пока Иисус не осветил их. (Спасибо, Иисус, что обратил на них мое внимание!)

Я спросила у Бога, как исцелить свои унылые сферы души, и одну за другой примирила их со Христом. Я намеренно опускаю описание внутреннего процесса, через который меня провел Господь, потому что он был подстроен конкретно под исцеление моей души — это не какая-то общая формула. Если вы чувствуете, что какая-то часть вашего сердца блокирует Божью радость, спросите об этом Иисуса. Он — источник, и Он покажет вам, как исцелить вашу душу.

Работа со сферами уныния души была похожа на чистку лука: как только одна часть обретала примирение с Богом, я могла увидеть следующий уровень внутренней дисфункции, влияющий на мое согласие/восприятие радости. К моему удивлению, у меня было много неосознанных суждений ПРОТИВ радости! Моя душа была связана этим неприятием радости, и пока я с ним не разобралась, возможность радоваться находилась в задушенном состоянии. Некоторые суждения могут показаться вам знакомыми, а некоторые — лично мои проблемы, но я перечислила их все, чтобы помочь разоблачить ложь, в которую мы верим о радости.

1. Я не думала, что радость является приоритетом, потому что «жизнь не в том, чтобы быть счастливым».

Я никогда не осознавала, что религия построила свое Евангелие вокруг сварливого Бога и грешного человека. Закон (законничество) приносит гнев, поэтому религии нужно было найти способ оправдать <u>свой</u> гнев (сварливое отношение). Чтобы оправдать это сварливое евангелие (служи, пресмыкайся, старайся и будь рабом до самой смерти), религия говорила нам, что «жизнь дана не для того, чтобы быть счастливыми». На самом деле мы — ОДИН дух с наполненным радостью Богом, который смеется и танцует.

Стремление к счастью бессмысленно, ОДНАКО мы всегда находим радость и удовольствие, ища Самого Яхве. На Небесах нет сварливого Евангелия — там вообще нет сварливости! Везде изобилие ЛЮБВИ, РАДОСТИ и МИРА!

2. Я думала, что радость — это нечто дикое и эмоциональное (а значит, нестабильное и непостоянное). Мне казалось, лучше быть «укорененным», то есть, стабильным и последовательным. Быть диким выглядело «по-детски», а зрелые люди должны быть «устойчивыми».

Религия рисует мудрецов как больших стоиков. Вес зрелости и ответственности — это «серьёзные вещи». Возможно, именно так это изображает религия, однако Бог похвалил Давида за его «недостойные» танцы и дикую радость, а он был мужем по сердцу Божьему. Смотря на Иисуса, мы не видим стоического и «последовательного» примера. Вместо этого Он ходил на свадьбы, отмечал праздники и говорил ученикам, как Он жаждет, чтобы они испытали Его избыток радости (Иоанна 15:11). Иисус был непредсказуемым и страстным, при этом Он был твердым, мудрым и зрелым. Павел также упоминает в Библии, что нас могут охватывать периоды экстаза и чистого блаженства. Если мы хотим принять Бога во всей Его полноте, то частью этого будет радость.

2 Коринфянам 5:13 (Дословный перевод ТРТ): «Если мы обезумели в блаженном божественном экстазе, то это для Бога, а если в здравом уме, то для вашей пользы».

3. Я думала, что радость — наименее ценный из плодов Святого Духа. *(В церкви меня учили стремиться быть любящей, терпеливой, доброй и сдержанной. Но поскольку «жизнь заключается не в том, чтобы быть счастливым», церковь никогда не чтила радость.)*

Наша сила не в «мире Господнем» или «воздержании Господнем» — она в РАДОСТИ Господа! Религия сильно преуменьшает значение радости, хотя РАДОСТЬ — это стратегический дар Яхве!

Неемия 8:10б (НРП): «Не печальтесь, ведь <u>Господня радость — ваша сила</u>!» [Выделено автором]

Я думала, что освободилась от религии, однако у меня все еще были очень религиозные взгляды на радость! (Я уверена, что еще многого не вижу — я все еще в процессе.) УРА Богу за свободу!!! Иисус в Своей доброте сначала задал моему сердцу вопрос: *«Где моя радость?»*, а затем раскрыл части души, нуждавшиеся в обновлении, ЧТОБЫ я могла получить Его дар радости! Однако, даже разобравшись со сферами уныния души и покаявшись в принятых мной суждениях, я все равно не пережила бурную встречу с воплощением радости: вместо этого, размышляя о радости с Иисусом, я испытала момент осознания типа «Ну конечно же!» Радость — это не то, что можно мгновенно «найти», — как и покой, она представляет собой то, во что нужно возрасти. В Иисусе я нашла мир, превосходящий понимание и обстоятельства. Я «обрела» его не сразу: ушли годы на то, чтобы взрастить состояние мира внутри, стремиться к нему и размышлять о том, как оставаться в покое, независимо от обстоятельств. Когда пришло осознание, что радость — это то, в чем мы растем и развиваемся с течением времени с Иисусом (как и все остальное в нашем духовном хождении!), для меня это был как будто очевидный момент.

После многих часов общения с Иисусом я смогла достаточно смягчить свою душу, чтобы получить понимание, где внутри меня сидит уныние. По мере развития истории отношений с Богом, мое сердце все больше и больше обновляется и укрепляется в Его радости. В процессе поиска меня осенило, что было бы хорошо спросить Иисуса, В ЧЕМ вообще заключается радость Господа, ведь я всегда представляла ее как более глубокую и продолжительную форму счастья. К моему удивлению, вот какое определение дал мне Иисус:

«Радость Господня — это наслаждение Божьей благостью».

Я не ожидала такого ответа, но моя душа впитала его, как губка! «Наслаждаться Божьей благостью». ДА! КОНЕЧНО! Размышляя над этим определением, я увидела силу сосредоточения на Божьей доброте. Каждый раз, когда мы сосредотачиваемся на ХОРОШИХ вещах, наше настроение поднимается, и мы становимся еще более ДОВОЛЬНЫМИ! Яхве доволен Своим Сыном и нами. Когда мы, в свою очередь, выбираем находить довольство в Яхве, радость Господа суммируется в нас и становится нашей силой.

Радость — это выбор... который также может сопровождаться эмоциями. Иногда эмоция есть, иногда нет, но это не должно влиять на мой выбор радости. Я выбираю любить своего мужа независимо от того, испытываю ли я к нему чувство любви или нет. Точно так же я могу выбирать радость независимо от обстоятельств — это не то, что происходит со мной, это мой выбор. [#взрывмозга]

КАК ВЗРАЩИВАТЬ РАДОСТЬ

Не нужно «искать» радость — она УЖЕ дана нам, потому что мы ОДИН дух с Иисусом. Все дело в душе, которая должна ВЫБРАТЬ не отвергать радость, уже живущую в нас. Мы можем взращивать ее, развивая способность нашего сердца ходить в согласии с радостью Господа. Если радость — это выбор, то ответственность добровольно стремиться к радости и работать с необновленными сферами сердца лежит на нас. КРОМЕ разговора с Иисусом на эту тему, вы можете сделать еще несколько практических вещей:

Отрекитесь от любых суждений, выдвинутых против радости.

ВЫБИРАЙТЕ праздновать, танцевать и смотреть на то ХОРОШЕЕ, что есть вокруг вас.

На чем вы сосредотачиваетесь, тем и становитесь. Так что СОСРЕДОТОЧЬТЕ свой взгляд на небесном, например, на Божьей доброте и Его ВЕЛИКОМ плане победы!

Пусть время смеха станет вашим ежедневным приоритетом.

Смех — хорошее лекарство. Он исцеляет тело и поднимает душу. Что вас веселит? Ваш любимый комик? Шутки? Смешные видео с котиками? Попросите Иисуса дать вам стратегию, как заставить себя смеяться. Сильно удрученной душе иногда полезно притвориться, что она смеется, просто чтобы напомнить себе, как это делать.

Если мы хотим в чем-то расти, нам нужно это тренировать. Например, если вы желаете нарастить мышцы, вы тренируете именно их. Если вы стремитесь возрастать в радости, практикуйте ее. Пожалуйста, поймите: когда вы намеренно принимаете решение практиковать радость, это не фальшь: маска радости отличается от ее практики. Первая надевается ради других людей, тогда как практика радости тренирует вашу душу расширять свои возможности. Помните, ваша МОТИВАЦИЯ для действий — это очень важная часть! Можно смеяться, чтобы люди думали, что вы счастливы, а можно — чтобы научить свою душу выбирать радость!

Развивая способность ходить в радости, вы обнаружите, что она больше, чем просто счастливые чувства. Радость ДЕЙСТВИТЕЛЬНО радостная, однако она ТАКЖЕ представляет собой:

Технологию, которая смягчает боль

> *Евреям 12:2 (НРП):* «Будем неотрывно смотреть на Иисуса. От начала до конца наша вера зависит от Него. Он ради предстоящей радости претерпел смерть на кресте, пренебрегши позором, и сейчас сидит по правую сторону от Божьего престола».

Силу перед лицом неопределенности

> *Неемия 8:10б (НРП):* «...Не печальтесь, ведь Господня радость — ваша сила!»

Буквальное исцеление для нашей души и тела

> *Притчи 17:22 (НРП):* «Веселое сердце исцеляет, как лекарство, а подавленный дух иссушает кости».

Польза радости бездонна и широка: чем глубже вы ее исследуете, тем больше вы ей становитесь. Помните, что все действия Яхве НЕВЕРОЯТНО целенаправленны: ОН не только создал радость, но также вложил исцеление, силу и даже мужество в ее ДНК. Радость стоит того, чтобы ее добиваться!

ДИКАЯ РАДОСТЬ

> Псалмы 15:11 (Дословный перевод NLT): «Ты укажешь мне путь жизни, даровав мне радость Твоего присутствия и удовольствия вечной жизни с Тобой». [Выделено автором]

К настоящему моменту вы, вероятно, уже больше открыты для радости и даже желаете ее достичь, но как насчет дикой радости? Дикая радость глубже восторга — это непреодолимая сила, приводящая душу в состояние экстаза и блаженства от безграничного общения с Яхве. Дикая радость превосходит наши самые смелые мечты — это царство вечных удовольствий. Это то, во что мы можем попасть вне времени и пространства (наших обстоятельств). Это состояние, в котором невозможно определить, где заканчиваешься ты и начинается Яхве. Радость Господня может всегда присутствовать в нашей жизни, но иногда бывают моменты, когда нам доступен этот «блаженный, божественный экстаз».

> *2 Коринфянам 5:13 (Дословный перевод ТРТ):
> «Если мы обезумели в блаженном божественном
> экстазе, то это для Бога, а если в здравом уме, то
> для вашей пользы».*

Во многих других переводах греческого слова *«existēmi»*
вместо «блаженного, божественного экстаза» говорится *«вне
себя»*. *Existēmi* означает быть невменяемым, сумасшедшим
или безумным! Обычно состояние сумасшествия или безумия
считается чем-то плохим (заметили, что тут суждение идет
от Древа Познания?), ОДНАКО мы буквально призваны
облачиться в разум Христа! А разум Христа ВСЕГДА *выглядит*
безумным для необновленного разума, действующего в
мирской системе. (Если у вас еще остались религиозные
взгляды на радость, то именно их сейчас и корежит.)

Эта дикая радость блаженства и экстаза УЖЕ находится
внутри вас. Она — часть Небес, а значит, что это еще одна
грань Яхве. Дикая радость начинает естественным образом
течь из нашего сердца по мере его исцеления: мы перестаем
стыдиться и отвергать этот блаженный, божественный экстаз.
Всегда ли наша жизнь будет в состоянии дикого экстаза? Нет.
Будет ли это происходить время от времени?

Да... ЕСЛИ мы ее не задушим! Даже у Яхве всему свое время.
Например, бывают времена радости и блаженства, времена
сильной тяжести и бремени, а также времена отдыха и
исцеления. Блаженный, божественный экстаз — это лишь еще
одна грань, доступная нам в рамках отношений с Богом.

Я заметила интересный момент: радикальная радость очень
привлекает нерелигиозных людей. По очевидным причинам,
для них это звучит как возможность провести ЧУДЕСНОЕ
время (без употребления наркотиков или алкоголя)! Но тех,
кто вырос в религии, дикая радость ОЧЕНЬ беспокоит, потому
что религия — это КОНТРОЛЬ. (Иииии, вот оно!) Я была в шоке,
как мою душу корежило от мысли, что я могу «выйти из себя»
в дикой радости, пока я не поняла, что эта реакция коренится

в религии и контроле! Безумная радость выглядит дико неконтролируемой и нестабильной. Даже будучи мамой или детским пастором, я бывала «дикой» и полной энергии, ПРИ ЭТОМ я всегда контролировала ситуацию. Я отвергала любые приглашения Яхве выйти из себя в блаженном божественном экстазе, чтобы сохранить контроль. Теперь же я столкнулась с тем, что фактически потеряла контроль в отношении дикой радости... и это меня сильно обеспокоило.

Религия рисует картину, в которой «святость» Бога — это стоическое и серьезное присутствие. Поэтому чем ближе вы подходите к «святости» (зрелости в Боге), тем серьезнее и торжественнее вы становитесь. Религиозный дух коварен, вплетая во все свою ложь и перспективы. До этого момента я думала, что знаю, что такое зрелость, затем в одночасье все рухнуло: я увидела, что у меня было собственное представление о зрелости, и я пыталась достичь созданного мной образа! Кроме того, я начала судить других, основываясь на СВОЕМ собственном представлении о зрелости! Радость Господа вписывалась в мое собственное представление о зрелости, а вот дикая радость ему НЕ соответствовала! Моя душа считала, что лучше быть устойчивой, чем непредсказуемой и невменяемой. Когда Иисус познакомил меня со Своей дикой радостью, сработали все мои внутренние виды триггеров (контроль, религиозность и мои представления о зрелости), а это означало, что я могла использовать их для прорыва!

КАК ВЗРАСТИТЬ ДИКУЮ РАДОСТЬ

Отрекаясь от согласия с ложью, я ВСЕГДА обнаруживала, что Бог даже лучше, чем мне казалось до этого. Моя душа боялась потерять контроль в дикой радости, пока я не осознала, что я просто соглашаюсь со своим врагом: ЛЮБОЕ согласие с ложью всегда приносит смерть, а я не позволю ей завладеть какой-либо частью меня. Отказ от безудержной радости обнажил ту сферу моей души, которая все еще не была убеждена в благости Бога. Несмотря на то, что с каждым прорывом моя душа обнаруживает, что Яхве все лучше и лучше, чем ей казалось раньше, у меня не было опыта отношений с Ним конкретно в ЭТОЙ сфере. Он мой Целитель, Создатель, Отец, Друг, Возлюбленный и многое другое, однако я не познала Его как источник своего Блаженства и Экстаза. Когда моя душа столкнулась с этим выбором, несмотря на свои опасения, ей было легче отпустить свой страх и контроль и выбрать Иисуса.

В тот момент, когда я приняла решение разорвать соглашение с контролем и выбрать Христа, Небеса распахнулись, и наконец пришло воплощение радости! Шучу, на самом деле этого не произошло. В момент, когда я выбрала Иисуса, я ОЖИДАЛА пережить какой-то совершенно неконтролируемый инкаунтер, но этого не случилось. Вместо этого я увидела в глазах Иисуса самое доброе выражение, которое я когда-либо видела. Он просто улыбался, глядя, как моя душа приготовилась к удару. В замешательстве я посмотрела на Него, а Он безмолвно ответил: «Джессика, со Мной безопасно: Я — добрый. Я не собираюсь сражать тебя наповал. Спасибо, что выбрала Мою безудержную радость и Меня. Приди, и Я помогу твоему сердцу развить способность нести и принимать Мой блаженный божественный экстаз». Вот каким было мое знакомство с взращиванием безудержной радости. Я испытала ОГРОМНОЕ облегчение и еще больше влюбилась в Иисуса, увидев Его доброту ко мне: Он ОЧЕНЬ добр и нежен с нами.

В этом последнем разделе я хочу дать вам несколько ключей, как развивать в своей жизни безудержную радость.

- Отрекитесь от того, чтобы осуждать и отвергать безудержную радость.

  ○ Отрицание и осуждение того, что от Бога, задерживает ваш духовный рост вне зависимости от причин. В моей жизни контроль замаскировался под самоконтроль, а затем вовсе пропал из виду, превратившись в «плод Святого Духа». ИСТИННЫЙ плод Святого Духа НЕ отвергает и не подавляет дела Божьи. Если идея безудержной радости оскорбляет вас, то это ваше приглашение отнести ее Иисусу!

- Примите глупости Божьи.

- 1 Коринфянам *1:27 (Дословный перевод NLT): «Вместо этого Бог избрал то, что мир считает глупым, чтобы пристыдить тех, кто думает, что они мудры. И Он выбрал бессильное, чтобы посрамить тех, кто силен».*

  Когда мы отпускаем свои собственные идеи о зрелости (и контроль), мы становимся все более и более восприимчивыми к блаженному, божественному экстазу. ЯХВЕ использует глупости, и Его безудержная радость ТОЧНО выглядит глупо!

- Ожидайте Господа.

  - Я могу с уверенностью сказать, что ваш процесс и путешествие будут отличаться от ваших ожиданий. Ожидайте Господа, пребывайте в Нем, принимайте Его целиком, и со временем вы испытаете волны дикой, божественной радости.

У Бога МНОГО граней, и способов взаимодействия и переживания Бога тоже МНОГО! Радость (и безудержная радость) — это лишь одна из многих граней Яхве. Будут времена и моменты тяжести (когда вас будто прибивает к земле), радости (и дикой радости), плача (о доброте Божией или о других) и многих других эмоций. Он бесконечен, а это значит, что у нас бесконечное количество способов пережить Его! Жизнь — это не только ОДНА эмоция, грань или опыт, так что примите и стремитесь познать Иисуса ЦЕЛИКОМ (со всеми «глупостями»), и вы обнаружите, что танцуете, как Давид, превращаете воду в вино, переворачиваете столы и выходите из себя, находясь в разуме Христа. Добро пожаловать в царство вечных удовольствий. Наслаждайтесь танцем!

Глава одиннадцатая

ЗАКЛЮЧИТЕЛЬНЫЕ МЫСЛИ ПО СЕРИИ «СЫНОВСТВО»

Я надеюсь, что эта серия ободрила и вдохновила вас возрастать в отношениях с Иисусом. На протяжении этих четырех книг мы исследовали и конкретизировали многие важные аспекты того, как быть сыном Божьим. Мне хотелось заложить основу для того, чтобы горящие люди могли расти и исследовать то блаженное единство, которое у нас есть. Вся информация в этих книгах — это лишь основы основ. Мы ЕДВА коснулись верхушки того, какой у нас Бог и в каких отношениях мы находимся с Ним: в Нем есть НАМНОГО больше. Все, чем я делилась в этой серии, выходит за рамки слов. Духовные вещи <u>практически</u> невозможно описать словами на бумаге (включая слова Библии!). Чтобы выйти за пределы ограниченного человеческого разума, нам <u>необходимо</u> духовное откровение во всех вещах. Это может произойти только тогда, когда мы намеренно вступаем с Богом в личные отношения, и это дверь, через которую можете пройти только вы. Через близость и подчинение Ему вы найдете все, чего желает ваша душа — чудесные вещи, превосходящие все ваши прошения или представления, и самое важное вы найдете глубины и красоту Самого Яхве.

В завершение этой книги и всей серии я хочу поделиться еще одной заключительной частью. В главе «Обретая радость» я упомянула, что Бог обнажил мои неправильные представления о зрелости. На протяжении всей серии мы говорили о зрелости, а теперь я хочу обсудить эту тему напрямую.

Понимание зрелости во многом субъективно, оно отличается в зависимости от принадлежности к определенной культуре, религии и церкви, однако почти во всех определениях оно связано со способностью человека умело выполнять обязанности/ожидания конкретной группы. В рамках этой книги и лично для себя я определяю зрелость как отсутствие недостатка, состояние полноты и завершенности, способность выполнять все, в чем вы считаетесь «зрелым».

В отличие от культуры и религии, Бог и Его пути НЕ субъективны. Яхве неизменен вчера, сегодня и вовеки. Чтобы посмотреть за пределы религиозных концептов, важно спросить Иисуса, что ОН думает, и как ОН смотрит на зрелость. Я верю, что духовная зрелость — это состояние, когда мы ЕСТЬ те, кто мы на самом деле (уже) во Христе. Духовная зрелость, по сути, — это окончательный выход из своего душевного разума (*пронизанного ложью, ранами и необновленным мышлением*) и жизнь в разуме Христа. Вот несколько примеров того, как выглядит зрелый сын:

> Зрелый сын — это ресурс, а не потребитель. (Нам не нужна земная «пыль», нас поддерживают Небеса!)

> Зрелый сын непоколебим в жизненных бурях. (Обстоятельства не могут поколебать нашей уверенности в Яхве!)

> Зрелому сыну не угрожают ни люди, ни демоны. (Мы один дух с Самим Яхве, для нас нет угроз.)

> Зрелый сын принимает «глупые» вещи. (Богу нравится сбивать с толку мудрецов… и нам это тоже нравится!)

> Зрелый сын обладает большой силой и властью, но его обуздывает самообладание и мудрость. (В Царстве Небес подчинение порождает власть, поэтому наиболее зрелые сыновья — наиболее послушные.)

В отличие от физической, духовная зрелость связана не с возрастом, а с состоянием сердца. Если отойти от религиозных и культурных определений, то в конечном итоге наша духовная зрелость определяется способностью быть подобными Отцу. В Библии изложен процесс или этапы духовного взросления. Давайте посмотрим в греческом тексте, как Иисус достигал зрелости на различных духовных этапах.

ЭТАП 1: Младенец [*Непиос или Брефос*]

Греческое слово «младенец» или «новорожденный» — *брефос или непиос*. Слово *брефос* переводится как «младенец»: оно используется для описания Иисуса в младенчестве. (Луки 1:41, 1:44, 2:12 и т. д.) Слово *непиос* может означать младенца или простодушного и незрелого человека. (*Иисуса никогда не называли непиосом, Его называли только младенцем-брефосом.*) Насколько я могу судить, у слова *брефос* нет духовного подтекста, а вот духовный смысл слова *непиос* подразумевает, что человек все еще очень душевный. Помните: люди смотрят на внешность, а Бог — на сердце. Даже пожилой человек может оставаться младенцем во Христе. Понятие *непиос* несколько раз используется в Новом Завете, когда речь идет о новообращенных/незрелых верующих.

> 1 Коринфянам 3:1: «И я не мог говорить с вами, братия, как с духовными, но как с плотскими, как с младенцами [непиос] во Христе».

> Ефесянам 4:14: «Дабы мы не были более младенцами [непиос], колеблющимися и увлекающимися всяким ветром учения, по лукавству человеков, по хитрому искусству обольщения».

> Галатам 4:3: «Так и мы, доколе были в детстве [непиос], были порабощены вещественным началам мира».

Из того, что Иисуса никогда не называли непиосом, мы делаем вывод, что незрелый и душевный человек может вырасти из этого состояния. У нас есть свободная воля, значит это мы выбираем, оставаться душевными и незрелыми сколько хотим или же принять рост и стать теми, кем мы являемся на самом деле.

ЭТАП 2: Ребенок [*Пайдион*]

Следующий этап — пайдион, греческое слово, обозначающее маленького ребенка. (В еврейской культуре к этому этапу относятся дети от 2 до 12 лет.) Он неоднократно упоминался в отношении Иисуса в Матфея 2:11, Луки 2:21, 2:27 и т. д.. Духовный «возраст» не следует линейному времени, Таким образом, духовная стадия пайдион подразумевает человека, находящегося между этапами иррационального младенчества и ученичества. Некоторые повзрослели, но не осмелились принять решение стать учениками. Вот несколько примеров этапа пайдион:

> Луки 2:40: «Младенец [пайдион] же возрастал и укреплялся духом, исполняясь премудрости, и благодать Божия была на Нем». (Здесь говорится об Иисусе. Обратите внимание: даже в детстве на Нем были мудрость и благодать.)

> Луки 18:16-17 (Дословный перевод BSB): «Но Иисус, подозвав их, сказал: пустите детей [пайдион] приходить ко Мне и не возбраняйте им, ибо таковых есть Царствие Божие. Истинно говорю вам: кто не примет Царствия Божия, как дитя [пайдион], тот не войдет в него».

Примечание: в Библии не так много упоминаний о духовной зрелости на данном этапе. По большей части Павел называл верующих незрелыми [непиос], учениками [текнон] или зрелыми сынами [йхиос]. Однако этап пайдион является частью процесса достижения зрелости, и Иисус также упоминается на этом этапе.

ЭТАП 3: Ученик [*Текнон*]

Решая стать учениками, верующие вступают в стадию *текнон*. В еврейской культуре это возраст от 12 до примерно 30 лет. После того как ребенок [*пайдион*] совершает бар/бат-мицву, он начинает учиться профессии и исполнению взрослых обязанностей. Опять же, духовная зрелость не приходит линейно по времени, поэтому этот этап не ограничивается определенным возрастным диапазоном. Иисус упоминается на этом этапе в Луки 2:47-49, когда Он учил в храме. Духовная стадия *текнон* подразумевает человека, который решил «идти по пути» и стать учеником Иисуса. В Писании много упоминаний о стадии *текнон*, вот лишь некоторые из них:

- 1 Иоанна 3:10 (Дословный перевод NLT): «Итак, теперь мы можем сказать, кто дети [*текнон*] Бога, а кто дети [*текнон*] дьявола. Тот, кто не живет праведно и не любит других верующих, не принадлежит Богу».

- Римлянам 8:16-17: «Сей самый Дух свидетельствует духу нашему, что мы — дети Божии [*текнон*]. А если дети [*текнон*], то и наследники, наследники Божии, сонаследники же Христу, если только с Ним страдаем, чтобы с Ним и прославиться».

- 1 Петра 1:14: «Как послушные дети [*текнон*], не сообразуйтесь с прежними похотями, бывшими в неведении вашем».

Это этап обновления разума, чтобы наша жизнь изменилась! Когда мы решаем «идти по пути» с Иисусом, мы становимся учениками, и Святой Дух направляет и учит нас всему, что нам нужно знать. После того, как мы стали учениками и научились путям Иисуса, мы считаемся зрелыми сынами.

ЭТАП 4: Зрелость [*Йхиос*]

В еврейской культуре, когда молодой человек становится достаточно зрелым, чтобы взять на себя дело отца, его считают йхиос — (зрелым) сыном. Обычно это происходит в возрасте 25-30 лет. В «Основании» (*книга 1*) мы обсуждали еврейский процесс «усыновления». Напомним: когда отец решал, что его сын повзрослел, он проводил церемонию «усыновления», чтобы представить его городу и старейшинам как сына-йхиос. Иисуса называли йхиос больше, чем словом любой другой стадии. Духовный этап йхиос подразумевает того, кто подчинился Отцу и теперь может умело жить ресурсами Небес и выполнять дела Отца. Вот некоторые из многих примеров сыновей-йхиос:

> Луки 3:22: «И Дух Святый нисшел на Него в телесном виде, как голубь, и был глас с небес, глаголющий: Ты Сын [йхиос] Мой Возлюбленный; в Тебе Мое благоволение!»

> Галатам 4:7: «Посему ты уже не раб, но сын [йхиос]; а если сын [йхиос], то и наследник Божий чрез (Иисуса) Христа».

> Римлянам 8:19: «Ибо тварь с надеждою ожидает откровения сынов [йхиос] Божиих».

Примечание: притча о блудном сыне (Луки 15:11-32) — это история двух сыновей-_ЙХИОС_ (зрелых)! Я была в ШОКЕ, когда узнала, что их обоих назвали зрелыми: ОБОИМ сыновьям было дано наследие (стих 12). Далее по сюжету старший жалуется отцу, что ему так и не подарили даже козленка, хотя он УЖЕ получил ПОЛНОЕ наследство! На протяжении всей истории сыновей называют сыновьями-йхиос... пока старший не пожаловался, что ему не дали даже козленка! В этот момент отец называет старшего сына словом _текнон_, потому что он так себя вел! (Опять же, я была в шоке. Я думала, _блудного_ сына должны назвать _текноном_!) Старшему сыну УЖЕ отдали наследство, а он жаловался отцу так, будто ему еще не дали «ключи от царства»... звучит знакомо? Мы привыкли, что эту притчу обозначают и рассказывают так, как если бы она была о незрелом сыне [пайдион], который отверг отца (отошел от веры), однако Иисус рассказал эту историю по-другому: ОБА сына были зрелыми, ОБА упустили возможность построить отношения со своим отцом, И ОБА незрело обошлись со своим наследством. Из этой притчи можно многое узнать и почерпнуть. Надеюсь, вы спросите об этом Иисуса, потому что это очень интересная притча, которую можно исследовать вместе с Ним!

Вернемся к йхиос: способность и зрелость не означают, что мы не допускаем ошибок. Поскольку Бог бесконечен, у нас всегда будет неисчислимо больше вещей, которым мы сможем учиться и в которых нужно расти. Даже на стадии зрелости мы все еще не «достигли»! И знаете что? За пределами зрелости есть еще одна стадия.

ЭТАП 5: Совершенство [*Телеиос*]

Последняя стадия, упомянутая в Библии относительно зрелости, — это совершенство. Это этап телеиос. «Погодите-ка! Мы не можем стать совершенными!» Не волнуйтесь, я объясню. Религия непреклонно проповедует, что верующие никогда не станут совершенными, потому что «мы все лишь грешники». Проще говоря, такое мышление — учение бесовское! Оно не подтверждается Библией, поэтому давайте рассмотрим этот вопрос! По определению, телеиос означает «полный, завершенный, ни в чем не нуждающийся и совершенный». Этой стадии не существует в еврейской культуре, поэтому она имеет только духовное значение. Давайте рассмотрим некоторые стихи, в которых упоминаются верующие на этом этапе, а затем их еще раз уточним:

> Матфея 5:48: «Будьте совершенны [*телеиос*], как совершен Отец ваш Небесный [*телеиос*]».

> 1 Коринфянам 14:20 (Дословный перевод NLT): «Дорогие братья и сестры, не будьте детьми [*пайдион*] в своем понимании этих вещей. Будьте невинны, как младенцы, когда дело касается зла, но будьте зрелыми [*телеиос*] в понимании дел такого рода». [Выделено автором]

> Ефесянам 4:13-14 (Дословный перевод NLT): «Это будет продолжаться до тех пор, пока все мы не придем к такому единству в своей вере и познании Сына Божьего, что станем зрелыми [*телеиос*] в Господе, соответствуя полному и совершенному стандарту Христа. Тогда мы уже не будем незрелыми, как дети [*непиос*]. Нас не будет швырять и уносить каждым ветром нового учения; на нас не повлияют люди, пытающиеся обмануть нас ложью, настолько умной, что она будет звучать как правда». [Выделено автором]

> Колоссянам 1:28: «Которого мы проповедуем, вразумляя

всякого человека и научая всякой премудрости, <u>чтобы представить всякого человека совершенным [телеиос] во Христе Иисусе</u>». [Выделено автором]

Иакова 1:2-4 (Дословный перевод ESV): «С радостью, братья мои, встречайте различные испытания, ибо знаете, что испытание веры вашей производит стойкость. И пусть стойкость возымеет полный эффект <u>[телеиос], чтобы вы были совершенны [телеиос] и целостны, ни в чем не нуждаясь</u>». [Выделено автором]

Стихов, относящихся к телеиосу, намного БОЛЬШЕ, чем тут процитировано, а значит концепция достижения полноты, совершенства и отсутствия каких-либо недостатков имеет <u>сильную библейскую поддержку</u>. Если ваша душа сопротивляется принятию этого этапа, используйте этот триггер как трамплин для трансформации любых религиозных идеологий, оставшихся в вашем сердце. Иисус умер, чтобы мы могли быть целостными, совершенными и без всякого недостатка! Исцеление и искупление — это благая весть Евангелия! Зачем Богу исцелять нас лишь частично? Религия провела границы там, где Бог их никогда не проводил. Она говорит: «*Он умер, чтобы спасти тебя от греха, но ты не можешь стать совершенным. Ты всегда будешь падшим человеком, едва попадающим на Небеса из-за своей некомпетентности*». Это НЕ Евангелие, и такого НЕТ в нашей Библии!!!

Выросшим в религии верующим ОЧЕНЬ трудно принять идею стадии совершенной зрелости, потому что они слишком долго жили в атмосфере религиозного обмана и давления. Самое невероятное в этом всем то, что Бог настолько уверен в Себе, что Он <u>создал нас, наделил нас силой и совершенством</u>, и это доставляет Ему УДОВОЛЬСТВИЕ! Бог не испытывает неуверенности в Себе: Он не нуждается в том, чтобы мы были несовершенными. Наше совершенство не может отнять Его совершенства и величия — на самом деле оно их только ДОБАВЛЯЕТ!!! Совершенство — это НЕ плохо, тем не менее религия каким-то образом заставила нас так думать! Мы МОЖЕМ быть совершенными и <u>ни в чем не нуждаться</u>.

Кстати, об отсутствии недостатка в чем-либо: я думаю, настало время побольше раскрыть идеологию Древа Познания. Оно увековечивает ложь, что «знание» — это сила, и когда мы «знаем», мы «достигаем». Подобная точка зрения укореняет ложь, что мы никогда не будем совершенными. Адам и Ева были полноценными и ни в чем не нуждались в Саду, однако, даже в этом месте совершенства Ева поверила лжи о том, что ей чего-то не хватает, так же, как старший сын, жаловавшийся, что ему не дали «даже козленка».

> Бытие 3:6а (НРП): «Тогда женщина увидела, что плод дерева был хорош в пищу и приятен на вид _и что дерево было желанно как источник мудрости; и она взяла один из плодов и съела..._» [Выделено автором]

Наш скромный человеческий взгляд на вещи предполагает, что незнание всего означает, что нам чего-то не хватает. Это неправда! Мы можем быть телеиосами во Христе и при этом исследовать и изучать бесконечное количество вещей, ПОТОМУ ЧТО Яхве БЕСКОНЕЧЕН. Когда мы живем от Древа Жизни, во всем, что мы делаем, есть ЖИЗНЬ, изобилие, полнота и совершенство! Полнота не означает наличие всех знаний: есть они или нет — неважно.

На протяжении всей этой серии книг я снова и снова повторяла, что наше путешествие не связано с достижением какого-то духовного пункта назначения. Наш путь не направлен на то, чтобы получить «значки заслуг» и перейти с одного «уровня» на другой. Вспомните аналогию с браком — не стоит относиться к ней легкомысленно, потому что это один из способов, как Сам БОГ описывает наши отношения с Ним! Брак — это не только свадебная церемония. Точно так же мы не женимся только для того, чтобы умереть вместе. Цель брака — ЖИТЬ друг с другом и _возрастать в любви на всем ее протяжении_. Точно так же зрелость — это не достижение духовного уровня, как если бы эта жизнь была видеоигрой. Такой образ мышления — плотской и недальновидный. Бог БЕСКОНЕЧЕН, поэтому наше путешествие и хождение с Ним БЕСКОНЕЧНО.

Стадии зрелости *присутствуют* в Священных Писаниях, однако они не столь <u>очевидны</u>. Не существует формулы или карты, позволяющей перейти от одной стадии к другой, потому что «достижение» духовного пункта назначения не является нашей целью! Иакова 1:2-4 (цитировалось ранее) и история о богатом юноше (Матфея 19:16-30) дают нам подсказку, что подчинение и/или трудности помогают душе расти. Хотя то, что чем больше мы подчиняемся Иисусу, тем быстрее взрослеем, — это ПРАВДА, нашей душе все равно приходится проходить через этот процесс, потому что так это задумано! **Каждый этап нашего взросления ценен и лежит в основе нашего обучения взаимодействию с Яхве и росту в сыновстве.** Мы определенно можем принять этот процесс и быстрее достичь зрелости, однако мы все равно будем продолжать бесконечное путешествие с нашим бесконечным Богом.

Несколько лет назад у меня был случай, когда во время богослужения я физически почувствовала запах горящей плоти. (Для тех, кто, возможно, никогда не ощущал ничего подобного, это УЖАСНЫЙ и тревожный запах.) Обеспокоенная, я немедленно осмотрела комнату в поисках огня, но его не было. Я поняла, что это духовное переживание, и что Яхве приглашает меня на встречу. Я обратила свой взгляд на Бога-Отца и увидела себя горящей на алтаре: это горела МОЯ плоть! Преодолев шок от увиденного, я кое-что осознала. Во-первых, я заметила, насколько драгоценна и угодна Яхве моя горящая плоть. Ее запах был НЕПРИЯТНЫМ, тем не менее, для Небесного Отца это был приятный аромат, потому что Он знал цену живой жертвы. (*Мое сердце всегда взывало о том, чтобы моя жизнь была ароматом, угодным Господу, и вот я увидела красоту и подтверждение этого желания.*) Во-вторых, я заметила, что несмотря на огонь, охвативший мою плоть, реальной боли не ощущалось. Я сразу поняла, что НАСТОЯЩАЯ Я — это мое новое творение + Иисус, и что горели только плотские и душевные области моего сердца. Я уже была одним духом С огнем, поэтому сгорало только то, что было не от Яхве. Последнее, что я увидела, — это красота и сила посвященной жизни. Я была как феникс, преображенный и объединенный с огнем. Я больше не сопротивлялась тому, кто я и кто Яхве. Сдавшись, я находилась в полном согласии с ЖИЗНЬЮ, и могущественная любовь Божья поглотила меня и стала мной.

Это было так прекрасно, что в этот момент я еще больше влюбилась в Яхве. С тех пор моя душа постоянно горит: слой за слоем, огонь проникает все глубже и глубже в мое сердце. Теперь я вижу, что, пережив мгновенное исцеление души, я бы никогда не познала той верности, терпения и нежной любви, которую имеет ко мне Господь. Именно в повседневном хождении с Ним я вижу Его вечную верность, доброту и благость. Иисус невероятно целеустремлен во всем, что Он делает в нашей жизни и во время духовных встреч. Каждый момент, инкаунтер и исцеление драгоценны в этом процессе.

Даже находясь на земле физически, Иисус никогда не прерывал процесс, происходящий в сердце людей. Ученики ходили и общались с Иисусом во плоти три ГОДА, однако Петр все равно отрекся от Христа. Они соперничали за то, кто лучше, и постоянно боялись «кочек» на дороге, однако Иисус не стал попирать их свободную волю и мгновенно исцелять их душевные раны. Вместо этого Он ходил с ними изо дня в день, являя Божью благость и приглашая их выйти из лодки. **Каждый раз, когда мы соглашаемся на этот процесс, мы строим историю отношений с Богом и формируем характер в своем сердце. Вот почему ценность процесса перевешивает ценность мгновенного избавления от боли.** Именно в процессе эти концепции становятся реальностью. Я надеюсь, что вы начинаете принимать СВОЙ прекрасный процесс: думать, что Бог добр, — это не то же самое, что ЗНАТЬ это. А единственный способ ЗНАТЬ — это строить историю отношений С Богом. Наша душа на самом деле нуждается в этом процессе, потому что в ходе него мы строим историю общения с Яхве. Одного вдоха не хватит на целый день или неделю: то же самое касается и наших отношений с Богом. Одного дыхания истины, одного посещения недостаточно, чтобы поддержать нас: мы должны ПРЕБЫВАТЬ на Древе Жизни, в постоянном единстве и союзе с Отцом. Даже будучи зрелыми, совершенными (телеиос) сынами, мы живем в постоянном и бесконечном общении, наполненном вечным блаженством и удовольствиями.

> Псалмы 15:11 (Дословный перевод NLT): «Ты укажешь мне путь жизни, даруя мне радость Твоего присутствия и удовольствие жить с Тобой вечно».

Что тут еще можно сказать? БЕСКОНЕЧНО больше (это намеренный каламбур). К счастью, вечность начертана в вашем сердце, и вы можете бесконечно исследовать глубины и тайны Яхве. Во всей этой серии я весьма осторожно подходила к тому, чем и сколько делиться. Мне не хотелось накрывать для вас стол — я просто дала немного попробовать, как закуску, часть своих откровений, чтобы вы захотели сами следовать за Богом и увидеть, что Он благ! Он приготовил для вас ПИРШЕСТВО, вы можете прийти к Его столу и насытиться. Надеюсь, что я дала вам достаточно попробовать, чтобы пробудить в вас голод и предоставить полезные инструменты для следования за Яхве.

Вот мое желание для вас:

Примите тайну. Пребывайте в смирении. Будьте как дети. Держитесь за Иисуса во всем. Полностью положите себя на алтарь. Горите, пока не станете огнем. И, наконец, когда наступают трудные времена, помните: лучшее еще впереди. Он приберег лучшее напоследок!

Для меня было радостью и честью поделиться этими книгами с вами,

Джессика Онсага.

Я приняла решение.

Пока тьма не исчезнет и полностью не наступит рассвет,
Несмотря на тени и страхи,

Я пойду с Тобой на вершину горы —

Гору страдающей любви и холм курящихся благовоний.

Да, я буду Твоей невестой.

Песни Песней 4:6 (Дословный перевод ТРТ)

РАЗРЕШЕНИЯ НА ЦИТИРОВАНИЕ ПИСАНИЯ

Цитаты Священного Писания приведены из Синодального Перевода Библии, Нового русского перевода (НРП) и дословно переданы из четырех английских переводов:

- Berean Study Bible (BSB)

- English Standard Version (ESV)

- New Living Translation (NLT)

- Amplified Bible (AMPC)

- The Passion Translation (TPT)

Разрешения предоставлены:

ОБ АВТОРЕ

Джессика Онсага была никем из ниоткуда, пока не обнаружила свой настоящий статус и не поняла, что он точно такой, как у Иисуса — «сын Божий». Джессика прошла долгий путь утверждения своей истинной природы, возрастая в личной дружбе с Иисусом и укореняясь в своем новом статусе сыновства. Теперь она помогает другим делать то же самое!

Heaven's Heart for Earth

Компания «Seraph Creative» — это коллектив художников, писателей, теологов и иллюстраторов, желающих увидеть, как тело Христово возрастает в полноту зрелости, ходя в своем наследии как Сыны Божьи на Земле.

Подпишитесь на нашу рассылку, чтобы узнавать о будущих интересных релизах.

Посетите наш веб-сайт: www.seraphcreative.org